「言葉にできる」は武器になる。

コピーライター
梅田悟司

日本経済新聞出版

樹木にとって最も大切なものは何かと問うたら、
それは果実だと誰もが答えるだろう。
しかし実際には「種《タネ》」なのだ。

フリードリヒ・ニーチェ
1844〜1900
哲学者

はじめに

「梅田さんは、どうやって伝わる言葉を生み出しているんですか？」

最近になって、このように聞かれることが多くなった。

そこで、なぜこうした質問をするのかを注意深く聞くと、多くの人が様々な場面で、言葉に関する課題を抱えていることが垣間見えてくる。

例えば、メール文章。私的なメールであれば、気の利いた返信ができない、文字だけでは気持ちまで表現できず、ニュアンスを伝えるのが難しいといった課題。ビジネスメールであれば、簡潔に書いたほうがいいことは理解しつつも、説明が増えて長文になってしまい、本当に書きたいことが分かりにくくなってしまう。

会話で言えば、仕事やプライベートにかかわらず、自分の言いたいことが言葉にならない。相手に思いが届かず、理解を得られない、伝わっていない気がする。想定していない質問をされると言葉に詰まってしまう。会話が続かない、などが挙がる。

さらに最近は、SNSの投稿に、悩みを持っている人も多いように感じる。自分の書き込みに対して「いいね！」などの反応が薄く、もっと人を惹きつける文章を書きたい、ブログへの集客を増やすために文章力を磨きたい、といったものも見られる。

このような悩みを聞いた上で、質問するようにしている。

「言葉をコミュニケーションの道具としてしか、考えていないのではないですか？」

この問いに対して、目が「？」になる人が多数を占めるのだが、ハッとした表情をする人も少なからず存在する。そう、言葉にはもう1つ、大切な役割があるのだ。

一般的に、言葉は自分の意見を伝え、相手の意見を聞くための道具とされている。こうした意見のキャッチボールのために言葉は用いられ、お互いの理解を深めていくことが可能になることは言うまでもないだろう。

ここで考えを一歩先へ進めてみると、次のような疑問にたどりつかないだろうか。

「言葉が意見を伝える道具ならば、まず、意見を育てる必要があるのではないか？」

冒頭の質問に対する私なりの答えは、ここにある。

「伝わる言葉」を生み出すためには、自分の意見を育てるプロセスこそが重要であり、その役割をも言葉が担っているのである。

自身の経験を思い出してもらえば分かりやすいが、人は多くの場合、言語は違えども、言葉で疑問を持ち、言葉で考え、言葉で納得できる答えを導き出そうとしている。言い換えるならば、自分という存在や自分の考え、価値観と向き合い、深く思考していく役割も、言葉が担っているのだ。もしかしたら今も「そうか」「確かに」など、頭の中で表に出ない言葉を発していたのではないだろうか。

発言や文章といった「外に向かう言葉」を磨いていくためには、自分の考えを広げたり奥行きを持たせるための「内なる言葉」の存在を意識することが絶対不可欠である。

その理由は、至ってシンプルである。

「言葉は思考の上澄みに過ぎない」

考えていないことは口にできないし、不意を突かれて発言をする時、つい本音が出てしまう。そのため、思考を磨かなければ言葉の成長は難しいとも言える。

ここで、私が抱いているのは、世の中の風潮として、コミュニケーション・ツールとしての「外に向かう言葉」の比重が高まり過ぎている、という危惧である。

書店には、伝え方を高めたり、雑談を続けるためのスキルを語る書籍が並び、セミナーや講演も同様のテーマで溢れている。日々の会話力や雑談力を高めたい人にとっては、喉から手が出るほど欲しい情報なのであろう。

その一方で、これらのスキルを得た人は、一体どれだけ実行できるようになったのだろうか。「理解はできたが、実践できない」というジレンマを感じている方も多いのではなかろうか。もしくは実践しているものの、言葉と頭の中で考えていることが一致しておらず、違和感を覚えている人もいるかもしれない。

本書を手にしている読者の中にも、同様の体験をしている方が少なからずいると思う。しかし、こうした現象が起きるのは、理解不足でも対人能力が低いからでもない。

ここまでお読みになっている方であれば、もうお分かりの通りである。


「思考の深化なくして、言葉だけを成長させることはできない」


本書では、理系一辺倒で、さほど読書経験もない私が、いかにして思考を深め、1人でも多くの人の心に響く言葉を生み出そうとしているのかを、誰もが同じプロセスをたどれるように順を追って説明していきたい。

短期的かつ急激に言葉を磨くことはできないが「内なる言葉で思考を深め、外に向かう言葉に変換する」といった流れを体得することで、一生モノの「言葉にできる力」を手にすることができるようになることを、ここに約束する。

目次

はじめに……3

1「内なる言葉」と向き合う……15

言葉で評価される時代……17

言葉には2つの種類がある
──「外に向かう言葉」と「内なる言葉」……24

「内なる言葉」と向き合う……34

「人を動かす」から「人が動く」へ
──言葉が響けば、人は自然と動きだす……44

最後は「言葉にできる」が武器になる……55

2
正しく考えを深める「思考サイクル」……61

内なる言葉の解像度を上げる……63

「思考サイクル」で正しく考えを深める
——内なる言葉を磨く全身思考法……70

①頭にあることを書き出す〈アウトプット〉……81
②「T字型思考法」で考えを進める〈連想と深化〉……92
③同じ仲間を分類する〈グルーピング〉……100
④足りない箇所に気付き、埋める〈視点の拡張〉……107
⑤時間を置いて、きちんと寝かせる〈客観性の確保〉……116
⑥真逆を考える〈逆転の発想〉……122
⑦違う人の視点から考える〈複眼思考〉……127
自分との会議時間を確保する……135

3 プロが行う「言葉にするプロセス」……143
思いをさらけ出す2つの戦略……145
戦略1 日本語の「型」を知る……153
使える型は全て中学までに習っている……154
①たとえる〈比喩・擬人〉……160
②繰り返す〈反復〉……169
③ギャップをつくる〈対句〉……177
④言いきる〈断定〉……184
⑤感じる言葉を使う〈呼びかけ〉〈誇張・擬態〉……195

戦略2 言葉を生み出す「心構え」を持つ

言葉を生み出す「心構え」を持つ……203
言葉のプロが実践する、もう1歩先……204
① たった1人に伝わればいい〈ターゲッティング〉……206
② 常套句を排除する〈自分の言葉を豊かにする〉……214
③ 一文字でも減らす〈先鋭化〉……221
④ きちんと書いて口にする〈リズムの重要性〉……227
⑤ 動詞にこだわる〈文章に躍動感を持たせる〉……231
⑥ 新しい文脈をつくる〈意味の発明〉……238
⑦ 似て非なる言葉を区別する〈意味の解像度を上げる〉……246

おわりに……253
参考文献……255

デザイン・イラスト　河内貴春

1 「内なる言葉」と向き合う

賢者は、
話すべきことがあるから口を開く。
愚者は、
話さずにはいられないから口を開く。

プラトン
B.C 427〜B.C 347
哲学者

言葉で評価される時代

伝わり方にはレベルがある。

「言葉」と一言で言えども、様々な種類が存在する。

話す言葉、書く言葉、聞く言葉。さらに、パソコンやスマートフォンで入力する言葉。

自分の考えていることや感じていることを相手に伝えるためには、言葉を用いて、感情を表現する必要がある。

最近では、絵文字や写真、スタンプなどで気持ちを伝えることも多くなっているものの、自分の感情を正確に、過不足なく伝えるためには、話す、書く、入力するなどして、言葉で表現せざるを得ないことに変わりはない。

そこで生じるのが「伝えよう」と思ってどんなに言葉を尽くしても、実は「伝わっていなかった」「伝わりきっていなかった」という問題である。

言葉を、コミュニケーションを取るための道具と考えるならば、言葉を発する側と、受け取る側がいることが前提となる。「伝わった」という状況は、この両者、つまり、話す側と聞く側や、書く側と読む側の共同作業によってもたらされるのだ。

とはいえ、聞く側や読む側といった受け取る相手の感じ方を変えることは難しい。親しい友人や同僚、家族間であれば、ツーカーの仲を築くことで、相手からの理解の歩み寄りを期待することができるかもしれない。

しかしながら、通常の生活において、コミュニケーションを取るべき相手との関係性は多岐にわたっている。お互いに何の前提も共有できていない、初対面の人と意思疎通を図らなければならないことも多い。

その意味では、伝わる精度を高めるために変えることができるのは、伝えようとする張本人である自分以外いないことは明らかであろう。

「伝わった」「伝わっていない」という伝わり方のレベルを細分化して考えると、次のような段階に整理することができる。

①不理解・誤解：
そもそも話が伝わっていない、もしくは、内容が誤って伝わっている状態。伝えた側と伝えられた側に、認識のズレが生じている。実生活においては「言った、聞いてない」「聞いた、言っていない」といった問題として表面化することが多い。

②理解：
伝えた内容が、過不足なく伝わっている状態。相手が話したことをヌケモレなく正しく把握している。しかし、理解以上の解釈が行われているわけではなく、「頭では分かっているが、心がついていかない」といった状況にも陥りやすい。

③納得：
相手が話したことを、頭で理解しただけでなく、内容が腹に落ちている状態。そのため、理解に比べ、自分ゴトとして捉えることができている。話を聞いている時に「なるほど」「確かに」といった感情を伴うことが多い。

④共感・共鳴：
見聞きした内容を理解した上で、心が動かされ、自らの解釈が加わっている状態。相手の意見や感情など

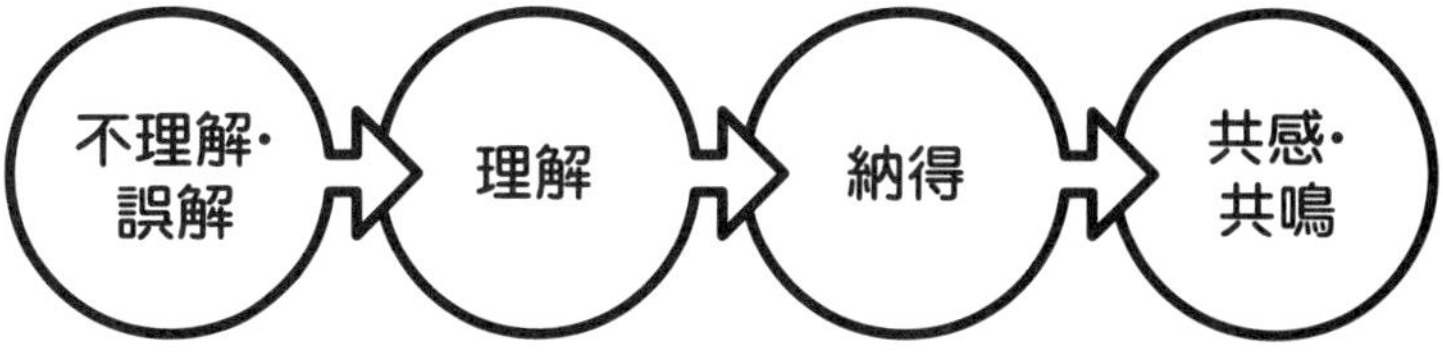

伝わり方にはレベルがある。

に「その通りだ」と感じ、自分なりの考えを加えたり、自分にもできることがないかと協力を申し出るといった行動を起こしたくなる。

このように見てみると、理解まで至れば合格点ではあるものの、納得と共感・共鳴こそが、コミュニケーションの醍醐味であることが分かる。しかしながら、そのレベルにまでコミュニケーションを高めることがいかに難しいかは、あえて言うまでもないだろう。

伝わり方は、人間性の評価につながる。

誰かと話をしたり、誰かが書いた文章を読んだ時の伝わり方も、不理解・誤解から共感・共鳴のうちのどれかに当てはまる。

そこで思い出してみていただきたいことがある。

それは、意味が分かりにくかったり、相手の言葉に対して何も感じることがなかった場合、つまり、コミュニケーションが不理解・誤解、理解で留まり、納得や共感・共鳴にまで達していなかった場合、自分が相手をどのように評価していたか、である。

おそらく、その多くは「言葉づかいが下手だな」「もっと上手く言えばいいのに」といった言葉づかいそのものへの評価ではなく、「言いたいことが整理されていないな」「薄っぺらな考えだな」「深く考えていないな」といった相手の人格に対するものではなかっただろうか。

つまり人間は、相手の言葉に宿る重さや軽さ、深さや浅さを通じて、その人の人間性そのものを無意識のうちに評価しているのである。

多くの人が言葉に対して抱えている課題は、「どんなに言葉を尽くしても、相手の心に響いている気がしない」「周囲を巻き込もうと声を出しても、空回りして、誰も動いてくれない」といった、理解はされるものの、納得や共感・共鳴にまで達しないといったものであろう。そのため、言葉そのものに致命的な問題があるわけではなく、むしろ、言葉の軽さや浅さにこそ、問題があるように思えてならない。

そこで思っていることを自在に話す術を得たとしても、話したり書いたりする中身が変わるわけではないため、逆に「何だか嘘っぽい」「口先だけな気がする」という印象を持たれる可能性すらある。

その一方で、言葉少なであったり、決して流暢でなくとも、「この人の話していることは信用できる」「妙に惹かれる」と思われることもある。そのため、言葉の技術だけが伝わり方や心への響き方に影響を与えているわけではないと言えよう。

では、言葉の理解度の差を生んでいる壁とは何なのだろうか。

その壁を乗り越えるための、具体的な方法はあるのだろうか。

そのカギとして本書でテーマにしたいのが「内なる言葉」の存在である。自分の頭の中に生まれている「内なる言葉」に幅や奥行きを持たせることによって得られる、言葉の重みである。

そう、相手の胸に響く言葉を生み出すために必要なのは、実際に書いたり、話したり、入力したりする「外に向かう言葉」そのものを磨くことではないのだ。

「内なる言葉」の存在に気付いているか?

「内なる言葉」とは、日常のコミュニケーションで用いる言葉とは別物であり、無意識のうちに頭に浮かぶ感情や、自分自身と会話をすることで考えを深めるために用いている言葉である。考えるという行為は、頭の中でこの「内なる言葉」を駆使していると言い換えることもできる。

頭に浮かぶあらゆる感情や考えは、この「内なる言葉」によってもたらされている。その事実に気が付き、意識を向けることが、あらゆる行動の源泉となる思考を豊かにすることに寄与する。そして、「今自分が何を考えているのか」「頭の中にどんな内なる言葉が生まれているのか」を正確に把握することで、自然と「外に向かう言葉」は磨かれていく。その結果、言葉に重みや深さが生まれ、納得感のある言葉を用いることができるようになるのだ。

私は、コピーライターとして10年ほど過ごしているのだが、このことに気が付いたのは5年目にさしかかった時であった。その前後では、自分の生み出す言葉の質が一変したと断言できる。それからというもの、職業人として生み出す言葉だけではなく、あらゆる局面でのコミュニケーションが一気に円滑になったと実感している。

使う言葉を変えたわけではない。小手先の言葉の技術を学んだわけでもない。

常に頭の中に浮かぶ「内なる言葉」の存在に意識を向け、「内なる言葉」を磨く鍛錬を積んだだけである。その結果、言葉が生まれる源泉としての思考が鍛えられ、湧いて出てくる言葉に重みや深みが増したに過ぎないのだ。

言葉には2つの種類がある
――「外に向かう言葉」と「内なる言葉」

スキルで言葉を磨くには、限界がある。

相手に伝わり、胸に響く言葉を生み出したい。

これは、多くの人がコミュニケーションの理想系として思い描いていることであろう。周囲にいるデキる人と自分のコミュニケーション力を比較することもあるだろう。YouTubeなどの動画共有サイトや、Facebookなどのソーシャル・ネットワーキング・サービス（SNS）で、胸に響くプレゼンや心が震えるスピーチを見聞きする機会が増えたため、自分のコミュニケーション力の無さを感じやすくなったこともあるかもしれない。

その結果、人はどのような行動をとりやすいか。それは「言葉を改善する技術」や「伝えるだけは不十分！　伝わる言葉の磨き方」といった具体的な方法を指南した書籍やトレーニングに助けを求めようとしてしまう。

実際、私もコピーライターになったものの、人の心に響く言葉を生み出せずにいた時期が長く続いた。理系一辺倒で本も読んでこなかったため当然かもしれないのだが、藁をも掴む思いでスキル本の類を読み漁った時期もあった。

それらに記載されている情報の中に、助けになったものがあったことは否定しない。しかし、頭では内容を理解していても、実践で役立たせることはほとんどできなかった。

その理由を嚙み砕いて考えてみると、3つに分けることができる。

1. 具体的な方法としてのスキルは理解できるものの、スキルの使い方の指南まで事細かにされているわけではなく、自分が抱えている課題に応用できない

2. 提示される技術を「型」として理解してしまうため、型に縛られてしまうことで逆に不自由さを感じてしまう

3. スキルはあくまでも、その人自身の経験から抽出された方法論であって、同じ経験をしていない第三者が真髄までを理解することはできない

この3点に気付いてからは、スキルに頼り、急激に言葉やコミュニケーション力を上達させたいといった幻想を持つことをやめた。その代わり「そもそも言葉とは何なのだろう

か？」という本質的な課題に向き合うようになった。
そして、1つのシンプルな結論に達したのだ。

「言葉が意見を伝える道具であるならば、まず、意見を育てる必要がある」

人によっては、「何をあたり前のことを」と思うかもしれないが、私にとっては大きな発見であり、救いになった。

なぜなら、「言葉なんて結局、モノは言いようでしかない」「聞き手にとって聞き心地のいい言葉を生み出せばいい」という言葉へのあきらめと、「本当にそれでいいのか」「いやダメだ」という葛藤の中で、言葉の本質を見出したいと思っていたからである。

そして、この結論に達してからというもの、「相手が聞きたいのは意見であって、言葉そのものではない」と感じられるようになり、言葉を磨く本当の目的にたどり着くことができたのだ。

多くの人が「外に向かう言葉」しか、意識できていない。

「言葉が意見を伝える道具であるならば、まず、意見を育てる必要がある」

この前提に立つと、言葉を生み出すプロセスには、①意見を育てる、②意見を言葉に変換する、という二段階が存在していることに気付く。

この両者を比べてみると、後者の「意見を言葉に変換する」ほうがイメージしやすく、効果があるように感じられる。しかし、自分に意見がなければ、つまり、言葉にすべき思いがないならば、一体何を言葉にするというのだろうか。

それこそ、咄嗟《とっさ》に思いついたことを口にしたり、相手の言葉に反応するように返事をすることしかできない。その結果生まれるのは、不理解や誤解による「この人は、何も考えていないな」という一方的なレッテルだけである。

このような状況に陥らないためには、自分の中に意見と思いを生み出し続ける源泉を持つことが重要である。そして、その先にこそ、意見や思いを言語化する段階があることを意識したい。

そうすれば、あなたが発する言葉の1つひとつは、あなたの人格そのものとなる。よく言われる「自分の言葉」とは、意見や思いを生み出し続ける源泉があるからこそ生まれるものなのだ。

では一体、意見を育てるとはどういうことなのだろうか。

そして、どのようにすれば意見を育てることができるようになるのだろうか。

その重要な役割を担っているのが、前項で述べた「内なる言葉」である。

人は、考えが浮かぶ時、言葉で疑問を持ち、言葉で考え、言葉で納得できる答えを導き出そうとしている。こうしたあらゆる「考える」という行為において、発されることのない内なる言葉を用いている。


例えば、コーヒーが思いのほか熱かった場合には、身体の反応とともに、脳の中で「アツッ!」と言っている。

近所に猫がいて写真を撮りたいと思った時には、「かわいい」や「写真撮ろう」と言っている。

この本文を読んで納得している時には「確かに」と言っており、疑問を感じたり意見に同意できない時には「そうかな?」と言っている。

休日に何もせずにダラダラしてしまったら「1日をムダにしちゃったな」と言っている。


このように、言葉を話す、書く、入力するなどの具体的な行動を伴っていないとしても、頭の中で言葉を使っていることに変わりはない。

「考える=内なる言葉を発している」を意識できるようになると、外に向かう言葉の精度は飛躍的に向上する。理由は非常にシンプルである。考える時に使っていた内なる言葉をタネとして、外に向かう言葉を紡いでいけばいいからである。

「内なる言葉」で意見を育て、「外に向かう言葉」に変換せよ。

①意見を育てる、②意見を言葉に変換する、というプロセスは、それぞれ次のように定義することができる。

①「内なる言葉」で意見を育てる

物事を考えたり、感じたりする時に、無意識のうちに頭の中で発している言葉。それが内なる言葉である。あらゆる感情が頭に浮かぶ時には必ず、この内なる言葉を伴っている。

内なる言葉は外に向かう言葉の核になっているのだが、意識しなければ、その関係性に気が付くことは難しい。

自分と対話するということは、内なる言葉を用いて考えを広めたり、深めたりすることと同義である。つまり、内なる言葉の語彙力が増えるほど、幅を広げ奥行きを持たせるほど、思考が進んでいる状態と言える。

②意見が変換された「外に向かう言葉」

外に向かう言葉とは、一般的に言葉と呼ばれているものである。自分の意見や思いに言葉という形を与えたもので、主に他者とのコミュニケーションを取る役割を担っている。相手との接点となり、意思疎通を行う道具である。

内なる言葉と違い、情報を受け取る相手が存在している。投げかけることによって、相手が反応したり、自身が評価される言葉である。

「外に向かう言葉」については、既に可視化されているものであり、普段から用いている言葉でもあるため、理解しやすい。その一方で、「内なる言葉」は表に現れることなく、その存在に気付くことなく見過ごしてしまいがちである。

しかしながら、内なる言葉は、確実に頭の中に存在している。そのため、内なる言葉を1つの言葉として認識することこそが重要なのだ。

かの有名な浮世絵作家である歌川広重は「大はしあたけの夕立（名所江戸百景）」という作品の中で、世界ではじめて雨を線で表現したと言われている。それまで絵画において雨そのものは描かれることなく、傘やレインコートを着ている人物や、水が溜まり濡れた地面を用いて、雨が降っている状況を描写していた。

しかし、本作品が発表されてからというもの、雨を線で描くという表現が一般的になっ

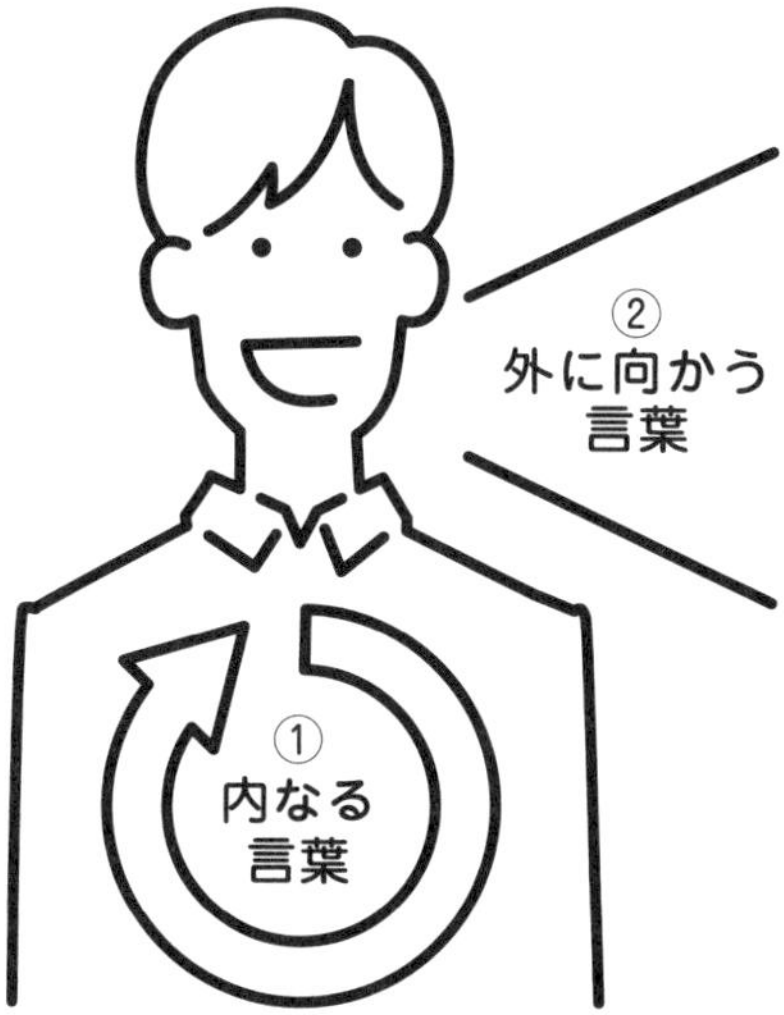

「内なる言葉」を育て、「外に向かう言葉」に変換する。

ていった。つまり、歌川広重の作品によって「雨は線のように降っていたんだ」と気付き、認識するようになったのである。新しい表現手法が生まれただけではなく、新しい視点がもたらされたのだ。

現代を生きる私たちにとって、雨は線以外の何物でもないように感じているが、それまでは「雨が降っているな」と漠然としか捉えられていなかった。

内なる言葉の存在も同様である。その存在を一度認識することができれば、もう二度と見えなくなることはない。

人々が相手の言葉に対して感じる、言葉が「重い、軽い」「深い、浅い」という印象は、内なる言葉と向き合うことによって、自らの思考をどれだけ広げ、掘り下げられたかに因る。その一方、外に向かう言葉だけをどんなに鍛えたところで、言葉の巧みさを得ることはできるかもしれないが、言葉の重さや深さを得ることはできない。

さらに言えば、気持ちと言葉が一致していなければ、言葉と行動が一致するはずもない。

その結果、コミュニケーション能力が高いことで周囲からの評価を得られるものの、行動とのギャップという形で、大きなしっぺ返しを食うことになる。ここにスキルや表現技法だけで言葉を磨こうとする落とし穴が潜んでいるのだ。

考えている
のではない。
頭の中で
「内なる言葉」を
発しているのだ。

「内なる言葉」と向き合う

考えたつもり、から脱却する。

無意識に感じていた「内なる言葉」や、自分の思考や視点に意識が向くようになっていくと、「こんな時に、こんなふうに感じるのか」「自分はこういう人間だったのか」と発見することになる。次に重要になるのが、思っていることや感じていることに幅と奥行きを与えること。そして、頭の中から出し、目に見える形にすることである。

頭で考えていることを書いてみたり、口に出してみようとすると、言葉に詰まったり、思うように表現できないことが多い。頭では十分に理解できており、今すぐにでも言葉にできると思っていたにもかかわらず、である。

仮に「内なる言葉」に意識を向けたところで、やはり、頭の中に浮かぶ言葉を扱うこと と、外に向けて言葉を発信することにはギャップが生じてしまう。

なぜなら、頭に浮かぶ「内なる言葉」は、単語や文節といった短い言葉であることが多く、頭の中で勝手に意味や文脈が補完されることで、あたかも一貫性を持っているかのように錯覚してしまうからである。

具体的に考えているつもりだったのに、抽象的にしか考えられていなかった。筋道に沿って考えているつもりだったのに、まるで一貫性がなかった。考えを進めているつもりだったのに、ずっと同じことを考えていた。

こうしたことが常に起こり得るのだ。

その結果、「これだ！」と思って話し始めても、シドロモドロになってしまう。しかしながら、会話をしている相手の反応は実に冷酷である。あなたが言葉に詰まっている瞬間だけを見て、「あ、何も考えていないな」「頭の中が整理されてないな」と評価を下すことになる。

言葉にできないということは「言葉にできるほどには、考えられていない」ということと同じである。どんなに熟考できていると思っていても、言葉にできなければ相手には何も伝わらないのだ。

先にも述べた通り、言葉を生み出す過程には、①内なる言葉で意見を育てる、②外に向かう言葉に変換する、という二段階が存在する。言葉を磨きたいと考えているならば、言葉から手をつけるのではなく、意見としての内なる言葉を育てることが先決である。

このプロセスは一見遠回りに見えるかもしれないが、得られる効果に照らせば近道と言える。その理由は、大きく2つに分けることができる。


1つ目は、一度、内なる言葉に意識を向けることができるようになれば、その存在に気付く前に比べて、扱う言葉の量が飛躍的に増加するからである。

コミュニケーション力を高めるには、多くの言葉に触れ、多くの言葉を発信することが有効である。しかし、実際に話したり、書いたり、入力したりすることには限界があるのも現実である。

一方、物事を考えるという作業はどんな状況でも行っているため、「考えることは、内なる言葉を発している」と視点を変えるだけで、何かを新しく始めることなく、使用する言葉の絶対量を増やすことに直結する。


そして、2つ目は、内なる言葉に意識を向けることで、「なんとなく考えている」「考えたつもりになっている」という状況から脱することができるようになるからである。「自分は今、内なる言葉を用いて思考している」と認識し直すことで、頭の中にある漠然としたものが一気に明確になり、深く考える糸口を見つけることができるようになるのだ。

さらに、この効果は一生続くことになり、意見や思いは時間に比例して成長していく。効果は日に日に大きくなっていくのだ。

思いが大きくなっていけば、自然と言葉に重みや深みが加わるようになり、「この思いを伝えたい」「伝えなければならない」という感情が心の底から湧いてくるようにもなる。思いを育てることによって生まれる「伝えよう」と心から思う動機も、言葉を磨くことに大きく寄与するのだ。

人間の行動の裏には、必ず何らかの動機がある。

言葉で考えるならば、「伝えたい思いがある」「自分の思いを余すことなく理解して欲しい」という気持ちが言葉を磨く原動力になり、言葉に重みや深み、凄みを付加することにつながる。

もちろん、他愛もない雑談にまで思いが必要なわけではないが、自分の根底に流れている価値観や思考は、発するあらゆる言葉に影響を及ぼしている。その違いこそが「どうでもいい話すら面白い」と思われる源泉にもなり得るのだ。

逆に、外に向かう言葉だけを育てようとした場合、どうなるだろうか。

伝える力を手にする、という点では、一時的な効果はあるかもしれない。しかし、結局小手先の技術やスキルであるため、表層的な言い方や伝え方は変わるかもしれないが、話す内容にまで影響を与えるわけではない。

その結果、「口は達者だが内容がない人、考えの浅い人」が出来上がってしまうのだ。

どんな瞬間に、どんな「内なる言葉」が浮かぶかを意識する。

では、実際にどのようにすれば、思いを育てることができるのだろうか。

具体的な手法は第2章で後述するのだが、最も基本的であり重要なのは、1人の時間を確保し、自分自身の中から湧き出る「内なる言葉」と向き合うことである。ある出来事が起きた時に、どのような内なる言葉が生まれ、どのように物事を捉え、考えが進んでいくのかを、自分自身が把握することである。

悲しいことが起きた時、何を感じているのか。

楽しいことが起きた時、何を感じているのか。

過去を振り返る時、何を感じているのか。

未来を思う時、何を感じているのか。

困難に直面した時、何を感じているのか。
成功を収めた時、何を感じているのか。
仲間が困っている時、何を感じているのか。
仲間が成功を収めた時、何を感じているのか。

こうしたあらゆる局面で湧き上がってくる感情を「悲しい」や「うれしい」といった漠然とした括りで受け流すことなく、頭の中に浮かぶ複雑な思いと向き合うこと。その感情1つひとつを言葉として認識し、把握すること。

この繰り返しによって、内なる言葉は幅と奥行きを持ち、内なる言葉の語彙力が増えていく。

仮にどんなに難しい言葉や、美しい言葉を知っていたところで、自分の気持ちを伝えることに役立てられなければ意味がない。重要なのは、単なる語彙力ではなく、考えていることや伝えたいことを正確に表現するための「内なる言葉の語彙力」を増やすことである。

近年で言えば「かわいい」や「ヤバい」といった、多くの感情を省略して伝えられる言葉が分かりやすい。こうした言葉は実に便利なのだが、便利だからといって多用していると、自分の心の琴線を鈍らせることにもつながるので注意が必要だ。

実際に、「かわいい」や「ヤバい」という言葉を使った時に、どういう意味で使っているかを質問されても、答えられないことが多いのではないだろうか。こうした状態のままでは、いつまでたっても自分が感じていることを正しく把握することは難しく、感情を言葉にできない状態が続いていく。

そのため、1人の時間を確保することで、自分の感情を振り返り、どんな時にどんなことを考える傾向があるのかを把握することから始めたい。すると、「自分はこんな時に、こういうことを考えるのか」「こうやって考えたほうがよかったのではないだろうか」「次、同じような状況になったら、こう試してみよう」と、自分の中で考えが進んでいく実感を得ることができるようになる。

「内なる言葉」に意識を向けることは、こうした「自分が考えがちなこと」と「もっとこうすべきかもしれない」といった傾向と対策を行うことを可能にする効果がある。さらには、自分でも気付いていなかった自身の価値観や人間性と対面することにもつながるのだ。

「内なる言葉」とは、あなたの視点そのものである。

まったく同じ情報に触れたとしても、そこから何を感じ、どんな内なる言葉が発せられるかは、人によって全く違う。

例えば、同じドラマを見ていても、ある場面で感動する人がいる一方で、何も感じない人もいる。同じ本を読んで役に立ったと思う人もいれば、無意味だと感じる人もいる。

こうした感じ方の違いは、意識や関心の高さや感受性、情報感度の違いと捉えることもできる。しかし、その正体は今まで生きてきた中で培われた視点の違いであり、その人自身の性格や個性そのものである。物事への感じ方は、その人ならではの「世の中を見渡す視点」と言い換えることができるのだ。

内なる言葉と向き合うことは、自分の視点と向き合うことと同意である。そして、自分自身の視点に気が付くことが、外に向かう言葉を磨き、自分の言葉を持つ出発点になる。「あ、今、自分はこう思ったな」ということを意識した上で、「こんな言葉が頭の中に浮かんでいる」まで認識する。さらに、「こんな時には、こんな内なる言葉が浮かびやすいんだ」まで把握する。そして、「こんなふうに考えることができるのではないか」へと考えを進めていく。

そのために、自分の気持ちに関心を持ち、心の機微を捉えることから始めたい。

ある出来事に対して、どういう感情が生まれるのか。

そして、どういった内なる言葉が生まれるのか。

つまり、あるインプットに対して、どういった感情をアウトプットするのか。

こうした自分の本当の気持ちに丁寧に向き合うことこそが、外に向かう言葉に変化をもたらすだけでなく、今後の人生を変えていくことになる。

さもなければ、「こうしなければならない」といった本当の気持ちではない「あるべき自分」から発せられる建前が先行し続けることになる。こうした建前を突き破ることができなければ、あなたの言葉はいつまでもどこかで借りてきたようなものになってしまい、迫力も説得力もないものになってしまう。

「内なる言葉」に
幅と奥行きを
持たせることが、
よく考えることの
正体である。

「人を動かす」から「人が動く」へ

——言葉が響けば、人は自然と動きだす

なぜあの人の言葉は胸に響くのか。

言葉には様々な「感じ方」がある。

言葉が上手い、言葉が下手。
説明が分かりやすい、分かりにくい。
納得感がある、納得できない。
共感できる、共感できない。

こうした様々な尺度を見ていくと、言葉づかいが上手いかどうかは、相手の心を揺さぶるかどうかを決める要因の1つに過ぎないことが分かる。

もちろん伝え方がうまく、言葉に重みがあり胸に響くのが理想であることに変わりはない。しかし、朴訥《ぼくとつ》として不器用そうに見えても、その一言に重みがあり、心が動かされることもあるため、言葉の巧さだけが共感や共鳴を生む要因でないことは明らかである。

重要なのは、言葉が重い、言葉が軽いといった尺度である。

表現の技術として「大事なことを話す前に一拍あける」「ゆったりとした口調で話す」「主張したいことは繰り返し話す」などの手法は確かに存在する。しかし、これはあくまで話し方の問題であって、話す中身に影響を与えるものではない。

言葉に重みが生まれる、最大の理由。

それは、言葉を発信する側の人間が、自身の体験から本心で語っていたり、心から伝えたいと思うことによる「必死さ」「切実さ」に因るところが大きい。その結果、どんなに平易な言葉であっても、意図が十分に伝わることで、人の心を惹きつけて離さなくなる。

つまり、思いが言葉の重みを生むのである。

その人自身の経験や体験、それによって培われた思考といった人間の源泉から湧き出る言葉にのみ込められる真実味や確からしさこそが、人の心に響くかどうかを決しているのだ。

その一方、どんなにコミュニケーションを円滑にする訓練を積んだところで、発する言葉が上辺だけのものであったり、どこかで聞いたことの受け売りであったならば、どんなに素晴らしいことを話していたとしても、聞き手は言葉の端々から軽さや浅さを感じ取ってしまう。

言葉の巧さと重さを軸にすると、次ページのようにコミュニケーションのタイプを分類できる。自分が今どこに位置しているのか、どの位置を目指したいのかを考えてみていただきたい。

人を動かすことはできない。

私は広告会社のコピーライターとして、10年間、主に言葉を専門に業務を行っている。テレビCMや新聞広告、WEB広告などを組み合わせた広告で、製品やサービスの知名度を高め、購入してもらうことが我々の責務であり、その目的を達成するために、メッセージを開発している。

そこで求められるのは「人を動かす」広告づくりである。

しかし、ここで敢えて断言しておきたいのが、「人を動かすことはできない」ということである。

より正確に表現するならば、「人が動きたくなる」ようにしたり、「自ら進んで動いてしまう」空気をつくることしかできないのだ。

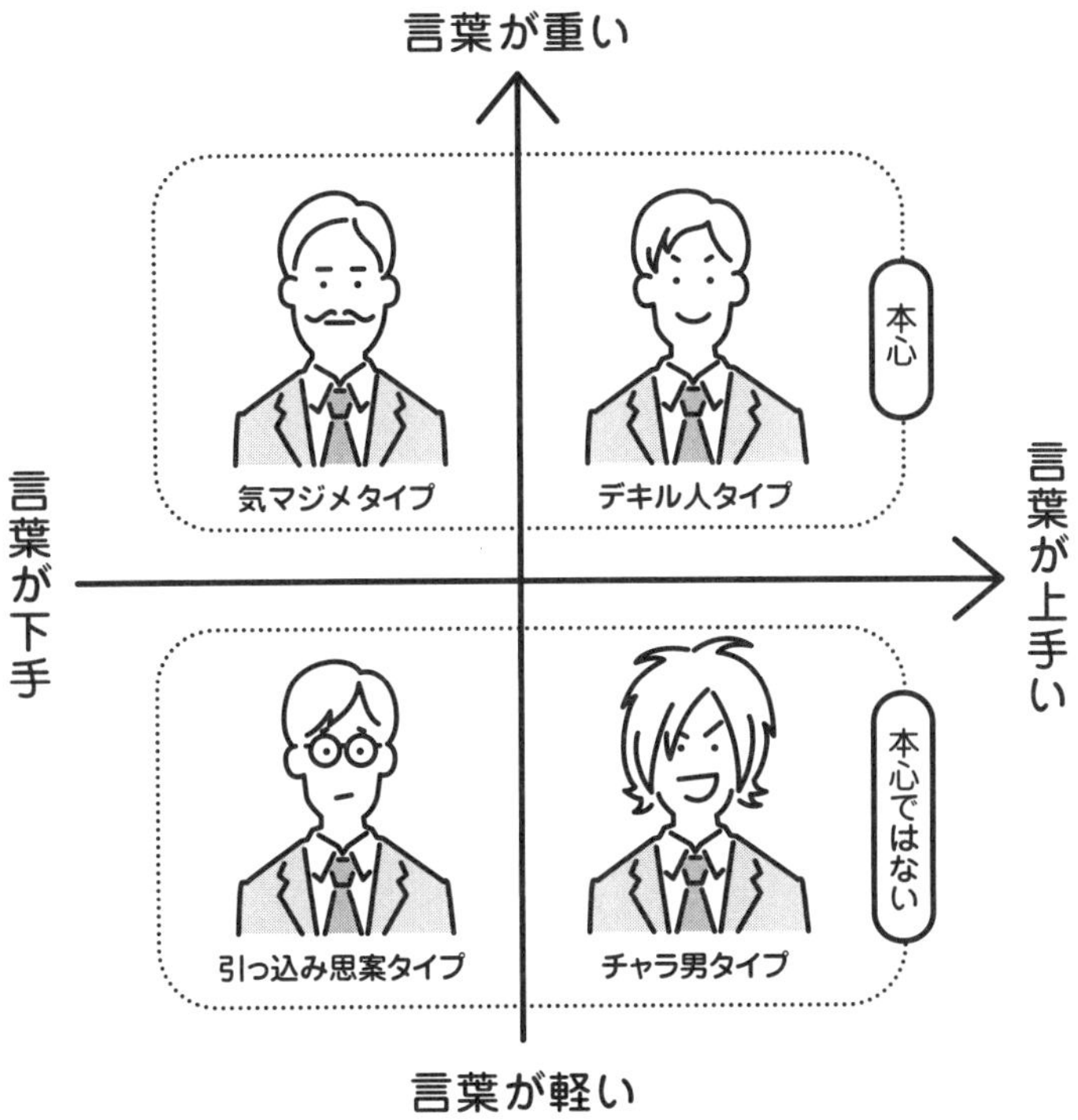

コミュニケーションのタイプ。

「人を動かす」ことと「人が動く」ことは、同じように感じられるが、似て非なるものである。前者の「人を動かす」は自分の意図するように仕向けるといった強制的かつ受動的な意味合いが強いが、後者の「人が動く」は自らの意志で動きだすといった自主的かつ能動的な行動を促すものになっている。

『星の王子様』で有名なアントワーヌ・ド・サン＝テグジュペリは以下のような言葉を用いることで、「人を動かす」と「人が動きたくなる」の違いを述べている。

船を造りたいのなら、男どもを森に集めたり、仕事を割り振って命令したりする必要はない。代わりに、広大で無限な海の存在を説けばいい。

製品のセールスポイントを声高らかに語ったり、耳ざわりのいい言葉で語りかければ、製品の魅力を伝えることはできるかもしれないが、実際に製品を購入してもらうことは非常に難しい。なぜなら最終的に自ら「欲しい」「自分の生活に必要だ」と思われなければ、購入するといった行動に移すことはないからである。

これは、広告だけに当てはまることではない。家族や恋人を巻き込んだり、仲間を鼓舞する際にも同じことが言える。

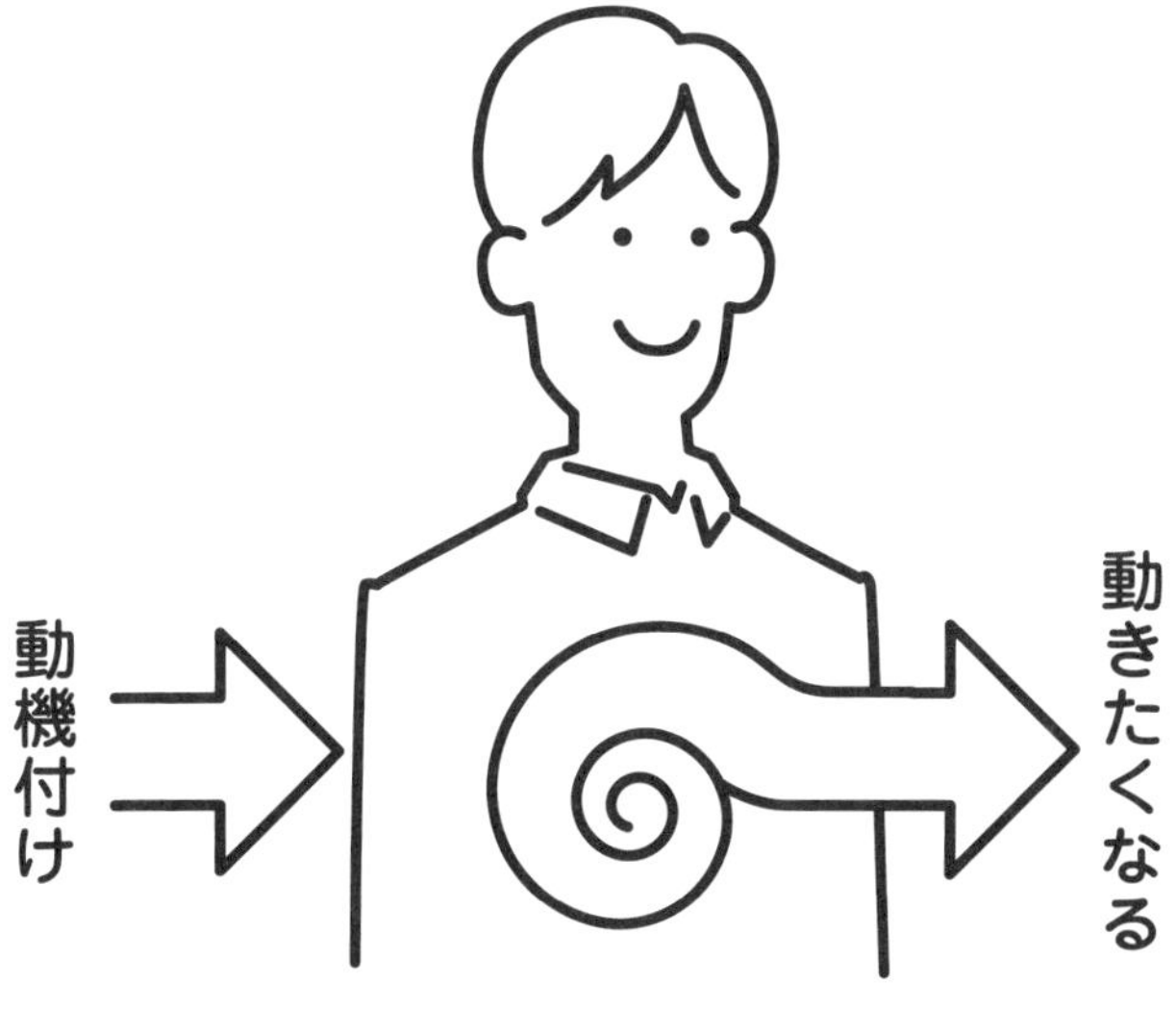

動きたくなる空気をつくらなければ、人は動かない。

言葉において大切なのは、人を動かす力ではなく、人が動きたいと思わせる力である。自主性を引き出すことができず、相手に何かを強要したり、自分が意図した通りに動かしたいと思ったとしても、それは自分にとって都合がいいだけであり、相手にとっては迷惑でしかない。

そして、相手を動かそうとすればするほど、相手の心は固く閉ざしてしまう。そのため、さらに強い力で相手を動かそうとする。「北風と太陽」の関係を思い浮かべるとよりイメージが摑みやすいかもしれない。

この負のスパイラルから抜け出すための方法は1つしかない。人を動かすことは不可能であり、動きたい気分や空気をつくることしかないと胸に刻むことである。

人間は1人ひとり、同じだけの感情を抱えて生きている。自分がそうであるように、相手も気持ちが動かない限り、動いてもらうことはできない。そのためにできることは、上辺ではなく、その人の立場になりきって言葉を投げかけることである。

こうした言葉を受け取ることで、はじめて人は情報に価値を感じ、興味を持つことになる。サン＝テグジュペリが説いたように、自分が行いたいことや、やらせたいことを命令するのではなく、人の心をワクワクさせたり、ときめかせるしかないのだ。

志を持ち、共有する。それが人の心を動かしていく。

「伝わる」と「動きたくなる」の間にあるもの。

その差を生んでいるのは、志を共有しているかどうかであると考える。

志を共有するためには、確信を持てる志がなければならない。そして、「伝える」でも「伝わる」でもなく、その志を共有する必要がある。

志や意志を持てるかどうかに関しては、自分が行おうとしていることに対してどれだけ本気で向き合っているかにかかってくる。

人は、物事に真剣に向き合っている人の意見は信用しようと思うし、自ら協力しようとも思う。その一方で、口だけであったり、利己的であったり、「どうにか協力させようとしているな」と感じた時には、聞き手は言葉の端々から見え隠れする本心に敏感に反応し、一気に心を閉ざしてしまう。

他者に思いを伝えるのであれば、それだけ本気で考え、信じていなければならないし、何かを手伝って欲しいと思っているのであれば、成し遂げたいことや理由が明確でなければならない。

自分の考えに確固たる自信を持つためには、考えを深めることが必要不可欠だ。そのためには、内なる言葉に意識を向けることで自分が考えていることを反芻し、本当にやりたいと思っていることは何か、成し遂げたいことは明確かを、自身に問いかけ、答えを出し続ける必要がある。

「こういう言い方をすれば、周囲を巻き込むことができる」といった技術は世の中に氾濫している。しかし、これらはあくまでもコミュニケーションを円滑にするための道具でしかなく、志を持つことにも、真の意味で思いを共有することにも寄与しない。

さらに、巻き込もうとする相手の立場を考えれば、テクニックによって口車に乗せること自体が失礼であり、相手の気持ちへの想像力が欠如していると言わざるを得ない。

また、共有という点では、内容を伝えるだけでは志を共有したことにはならないし、相手の気分が乗らないままに手伝ってもらうだけでも、共有とは言えない。

相手が自分と同じ気持ちになって、自分ゴト化することによってはじめて、共有は成立するのだ。

そのためには「何をするか?」「なぜするのか?」といった基本的な内容だけを伝えるだけではなく、「なぜ本気でそう思うのか?」「その結果、どうしたいか?」「なぜあなたを誘うのか?」といった、より具体的な自分の価値観にまで踏み込んでいく必要がある。

自分の気持ちの全てをさらけ出し、伝えきるのだ。

実際、心が揺さぶられるスピーチや感動的なプレゼンは、話し手が人生を賭けて成し遂げたいという姿勢に満ちている。言葉を磨くことは、語彙力を増やしたり、知識をつけることではなく、内なる言葉と向き合い、内なる言葉を用いて考えを深めながら自分を知ることから始まると言えよう。

考えた時間の単純な積み重ねではなく、正しく内なる言葉と向き合った量、つまり思考量によってのみ、心から伝えたいことが生まれ、言葉に変化が表れる。

「神は細部に宿る」という有名な言葉があるが、言葉に関しても「思いは細部に宿る」と言える。言葉は人間の行動の1つでしかなく、あらゆる行動の源泉には、その人なりの思いや動機が存在しているからである。

大切なのは、自分の考えや思いを把握していることである。その内容を伝えるためには、難しい言葉も、耳ざわりのいい言葉も、美しい言葉もいらない。人の心を動かすのは、話している本人の本気度や使命感であり、生きる上で感じてきた気持ちが総動員された、体温のある言葉なのだ。

人を
「動かす」

ことはできない。

「動きたくなる」

空気をつくる。

最後は「言葉にできる」が武器になる

全てを理解していなければ、言葉にできない。

言葉にするという行為は、簡単に見えて、実に難しい。

例えば、会議の内容をまとめ要約するには、話し合われていた内容の全体を理解している必要がある。話が進んでいった順に報告したとしても要約にならないし、結論だけを端的に述べたところで、結論に至った経緯が分からない。

鑑賞した映画や読んだ書籍の内容を伝えたり、自分の身に起きたことを話す時でも同じである。どこから話し始めればいいかが分からなかったり、端的に話せると思っていたにもかかわらず、話し始めてみるとダラダラとしてしまった、という経験は誰にでもあるだろう。

このような状況は、これから話そうとしている全体像を自分自身が完全に理解していないから起きてしまう。内容を完全に把握していれば、「つまり、どういうことなのか」を過不足なく要約できないはずはない。

それと同様に、相手が聞きたいと思っていることも「つまり、どういうことなのか」であり、抽象的な全体像でもなければ、具体的過ぎる詳細でもない。簡単に話すには、話そうとしていることについて深く知り、全体像を把握していなければならないのだ。

では、自分の意見を述べる際に、深く知っていなければならないものとは何だろうか。それは自分自身の気持ちであり、意見にほかならない。

そのため、いざ自分の意見を語ろうとした時に、頭に浮かんだ言葉をその場で組み合わせながら話そうとしても、理解を得られないのは当然の結果とも言える。

必要なのは、「内なる言葉」として現れる考えを深く知る以外にない。

漠然と考えるだけで終わらせるのをやめる。そして、頭に浮かぶ断片に言葉という形を与え、組み合わせ、足りない文脈を加えるプロセスを行いたい。この繰り返しによってはじめて、内なる言葉は鮮明なものになり、地層が積み上がるように思考に厚みが生まれていく。

だからと言って、最初から大きな効果や変化を求めてはならない。仮に意気込んで「何が何でも自分の思考を把握しよう」と力んだところで、長続きしなければ「こんなに努力したのに、できなかった」と意気消沈し、せっかくのやる気が無になってしまう。

はじめから多くを求め過ぎず、あえて「内なる言葉」を意識するだけに留めておくことで、まず習慣をつくる。

その訓練によって、自然と考えるクセを把握できるようになり、内なる言葉の語彙力を増やすステップへと進んでいけばいい。チリも積もれば山となる、ではないが、チリほどの効果や変化を積み上げることが唯一の方法である。

その結果、豊かな内なる言葉を持つことで、外に向かう言葉が磨かれていく。それこそが、一生モノのコミュニケーション力である。今日、本書を手にして「内なる言葉」の存在を意識し始めた時点で、既に確実な一歩を踏み出していると言えるかもしれない。

全てを理解していなければ、言葉にできない。

「内なる言葉」に意識を向け続ける習慣こそが重要である。

無意識だった内なる言葉に精神を集中させて鍛えていくという行為は、筋力トレーニングと似ているところがある。筋トレを行う際には、今自分が使っている筋肉に意識を向けることで効果が格段に上がることが証明されており、この関係性に非常に近い。

もしも鍛えようとしている筋肉に意識を向けないでいると、鍛えようとしている部分以外の筋肉が支えてしまったり、勢いや反動をつけることでトレーニングをこなすように体が動いてしまう。その結果、トレーニング効果が薄くなってしまうことが、英国心理学会によって報告されている。ある特定の部分の筋肉を鍛えるためにダンベルを持ち上げているにもかかわらず、ダンベルを持ち上げる行為そのものが目的になってしまうのだ。「今自分はこの筋肉を鍛えている」と意識し続けることが、その部分のみの伸縮に注力することを可能にし、結果的に、効果を最大化する。

内なる言葉に意識を向け続けていれば、自分だけが持っている視点に気付くことができるようになるまでに、そう時間はかからない。すると、自然と「今自分の頭にはこんな言葉が浮かんでいる」と認識し、自分の考え方のクセや思考を把握できるようになり、常に「自分の頭を覗いているもう1人の自分」の存在を意識できるようになる。

そして、頭の中に浮かぶ言葉をそのままにしておくことなく、単語でも箇条書きでも紙に書いて、見える化する。すると、考え足りないところが見つかったり、自分の考えていることが表現しきれていない箇所に気付くことができる。あるいは、実はありきたりなことしか考えられていなかったと痛感することもあるだろう。こうした具体的な手順について、第2章で詳しく述べていきたい。

こうした積み上げを着実に行うことが、自分の思考を深め「内なる言葉」をスムーズに「外に向かう言葉」へと変換させる。その結果、自分から生まれる言葉が、相手の胸に響き、納得や共感を得られるようになり、「この人はきちんと考えているな」「自分の言葉で話しているな」と感じてもらうことにつながるのだ。

2
正しく考えを深める「思考サイクル」

人間は、
その人の思考の産物にすぎない。
人は思っている通りになる。

マハトマ・ガンディー
1869～1948
弁護士、宗教家、政治指導者

内なる言葉の解像度を上げる

言葉は、思考の上澄みに過ぎない。

言葉には会話やメールなどで使っている「外に向かう言葉」と、物事を考えるために無意識に使っている「内なる言葉」が存在している。

言葉というと、つい、コミュニケーションをするための道具である「外に向かう言葉」に意識が向きがちだが、もう一方の「内なる言葉」を豊かにする、強化することこそが、言葉を磨くために重要となる。

この「内なる言葉」とは、人が物事を考える時に頭の中で使っている言葉であり、考えを進める、広げる、深める、といったあらゆる側面で機能する。

頭の中がもやもやしている状態は、この内なる言葉が溢れて頭の中が一杯になってしまっている状態と言い換えることができる。そこで、物事を考えていることを内なる言葉を発していると捉えることで、自分の頭の中で何が起きているのかを客観的に把握できるようになる。

「内なる言葉」が豊かになることは、「外に向かう言葉」のタネが充実していくことを意味している。つまり、内なる言葉を育てることで、自然と外に向かう言葉は磨かれていくのだ。

逆説的に言えば、内なる言葉の強化なくして、外に向かう言葉を磨くことはできない。なぜなら、言葉は思考の上澄みでしかないからである。

第1章では、内なる言葉の存在に気が付くことの意義について記してきた。今まで見えていなかったものが見えるようになったならば、それだけでも十分価値があると思う。

しかし、せっかく思考や考えといった摑みどころのないものを、頭の中で内なる言葉が生まれている状態、内なる言葉が発せられている状態として認識できたのなら、その内なる言葉を磨いていかないのは、実にもったいない。

そこで、第2章では、どのようにして内なる言葉を磨くかに話を進めていきたい。

結論から言えば、内なる言葉を磨く唯一の方法は、自分が今、内なる言葉を発しながら考えていることを強く意識した上で、頭に浮かんだ言葉を書き出し、書き出された言葉を軸にしながら、幅と奥行きを持たせていくことに尽きる。

本章で行うことは、こうした普段は頭の中で行われているプロセスを、目に見える形で行うことである。

頭の中だけで行おうとしても、内なる言葉自体は目に見えないため、どうしても主観が先行することで、頭の中がごちゃごちゃになってしまったり、同じことをぐるぐると考えてしまいがちである。頭の中だけで時間をかけて考え続けたところで、頭の中が整理されることもなければ、考えが深まることも望めない。そこに書き出すという一動作を加えると、考えていることが目に見える形で現れるため、扱いやすさが格段に向上するのだ。

内なる言葉の解像度を上げる。

自分の考えていることが言葉になった外に向かう言葉を磨くために、そのタネとなる内なる言葉を把握し、広げていく。このプロセスは内なる言葉の解像度を上げる行為と認識すると理解しやすい。

解像度とは、画像や写真などの精度を数値化したもので、画像を表現する格子の細かさや、画像の密度を指す指標である。パソコンやスマートフォン、タブレットのモニタなどの性能表示にも使われているため、なじみ深い人もいるのではないだろうか。

解像度を図解すると次ページのようになる。図で示すと分かりやすいのだが、左が解像度の低い状態であり、右が解像度の高い状態を示している。同じAが表記されていることには変わりないが、解像度が低いと文字がガタガタとしており、辛うじてAという文字を認識できるレベルである。その一方で、解像度が高ければ、Aの文字の形状は鮮明になり、誰がどう見ても、Aと答えられるものになる。

ここで、この解像度を内なる言葉に当てはめて考えてみたい。

内なる言葉の解像度が低い場合、思考や感情は漠然としており、自分自身が今何を感じているのか、考えているのかを正確に把握できていない状態にある。

一方、内なる言葉の解像度が高いほど、何を考えているかや、何をしたいかが鮮明になる。つまり、話す、書く、打つなどして発信しようとしている内容を把握できていると言える。

内なる言葉の解像度とは、自分の頭の中をどれだけ把握できてい

「内なる言葉」の解像度を上げる。

るかという指標でもあるのだ。

例えば、「うれしい」「悲しい」「楽しい」といった感情が単純化されたままになってい る時点では、解像度が低い状態である。「うれしい」「悲しい」「楽しい」で留めることなく、内なる言葉を手がかりに、感情の根源へと踏み込んでいくことが、解像度を高めることにつながる。

こうした内なる言葉の幅と奥行きを広げていくことこそが、内なる言葉の解像度を上げ、外に向かう言葉に力を与えることに寄与するのだ。

言葉は、自分の考えや気持ちを発信するための道具である。そのため、言いたいことや、話したいことを正確に理解していない限り、真の意味で言葉が磨かれていくことはあり得ない。

もちろん、多くの言葉を知ることで語彙力をつけたり、表現技法を身につけることも大切である。しかしながら、多くの言葉を知っていたからといって自分が言いたいことを的確に表現できるようになるとは限らないし、どんなに美しい言葉が並んでいても伝えようとする内容に深みが増すわけでもない。

事実、人の気持ちに染み込んでいくような言葉や文章は、実に平易な言葉で書かれていたり、誰もが知っている単語によって成り立っていることが多い。そのため、語彙力や表現技法はコミュニケーション力を引き上げる助けにはなるかもしれないが、コミュニケーション力に直結するとは言いきれない。

この第2章で示すプロセスを行うことで、自分の感情を適切に表現するための内なる言葉の語彙力を増やし、頭の中の解像度を高めていく。そうすれば、自然と外に向かう言葉が体温を帯びていくことを実感できるようになるだろう。

やはり重要なのは、外に向かう言葉のタネになる内なる言葉なのだ。

気持ちを
はっきりと
認識できた時、
言葉は自然と
強くなる。

「思考サイクル」で正しく考えを深める

――内なる言葉を磨く全身思考法

人は考えているようで、思い出している。

頭の中がもやもやしている。自分が何を考えているかはっきりとしない。こうした場合、外に向かう言葉には一貫性がなく、考えていることをうまく説明できないことが多い。

その原因はほとんどの場合、内なる言葉が頭の中に溢れていたり、重なり合うことで、漠然と考えてしまっていることに因る。

大切なのは、考えるという行為を頭の中で内なる言葉を発していると強く認識すること。そして、もう1つ、考えを広めたり深めたりしようとしていても、考えを前へ進めることなく、過去の記憶を思い出そうとしてしまっている事実に気付くことである。

なぜこのような状況が起きるのかは、頭の中を記憶域と思考域に分けてみると理解しやすい。

頭の中は、過去の様々な出来事や気持ちを覚えている記憶域と、新しい物事を考える思考域の、大きく2つに分けることができる。コンピュータでたとえるならば、記憶域はソフトウェアや情報を保存しておくハードディスクであり、思考域はデータ処理を行うCPUの役割を担っている。

考えるという行為は、頭を回転させるため、思考域で行われる。しかしながら、コンピュータでいうCPUはそれ単独では機能せず、常にハードディスクと情報のやり取りをしている。それと同様に、人は考えている時、自分の記憶と向き合いながら考えてしまっているのだ。つまり、「考えが全然進んでいない」という状態は、思考域を使っていると思っていても、実は記憶域の中を回遊してしまっている状態であると言える。

では、どのようにしたら、考えを前に進めることができるようになるのか。

答えは簡単である。記憶域にあるものを一旦外に出して、考えることに集中できる環境を整えることである。

そのために、真っ先に行うべきことは、頭の中に浮かんでくる内なる言葉をとにかく書き出すことである。そして、目の前に書き出された内なる言葉を軸として、考えの幅を広げたり、奥行きを深めればいいのだ。

こうした段階を踏まずにいると、考えているようで、思い出しているだけの状態が続いてしまい、いつまでも同じところをぐるぐると行き来することになる。

「人に話すことで、悩みが解消された」という経験を持つ人は多いと思う。これはまさに、頭の中に浮かぶ内なる言葉を外に出すことで、頭の中に考える余地や空間が生まれた状態であると言える。

ここで重要なのは、頭で考えていることを誰かに「話す」ことではなく、頭の外に出し自分と「切り離す」ことである。内なる言葉を一旦、強制的に外に出すのだ。

すると、思考と記憶が切り分けられるため、考えを進めることに集中できるようになる。その結果、「ふわふわと考えていたことは、実はこういうことだったのか」と気付くことができるようになるのだ。

自分の中に「思考サイクル」をインストールする。

① 思考を漠然としたものでなく、内なる言葉と捉える。
② 内なる言葉を、俯瞰した目線で観察する。
③ そして、考えを進めることに集中し、内なる言葉の解像度を上げる。

これが、私が思考を深めるために行っている方法である。

この方法は、今自分が抱えている具体的な問題や不安を想定しながら読み進めていくと、分かりやすい。

例えば、就職活動での「一体自分はどのような仕事を行いたいと思っているか」であったり、クライアントへの提案内容。さらには、自分はどういう人間なのかといった自分探しでもいいだろう。

本章では、先に述べた三段階を「内なる言葉を磨く思考サイクル」として、概要を説明していきたい。

第一段階は、頭の中をぐるぐると回っている内なる言葉を書き出して、形を与えることである。その上で、同じ仲間をグループ化し、思考のクセや考えがちな方向を把握する。すると、自ずと考えが足りない部分が見えてくる。

頭の中が悩みや思考で一杯になっていると、どうしても他の可能性を考える隙間がなくなってしまう。そこで、今考えていること、つまり、頭の中に浮遊する内なる言葉を一旦頭の外に出すことで、考える余地を生み出すのだ。

続いて、第二段階では、第一段階でアウトプットされた思考の断片を材料として、考えをさらに拡張させる。

第一段階では、内なる言葉を可視化したに過ぎないため、自分という範囲内でしか考えられていない内容が列挙されている。

そこで、考え足りない幅と深さに気付くことができれば、思考を進めることができるようになる。頭の中で考えている状態だけでは客観的な視点が入り込む余地がなく、ヌケモレを捉えることは難しい。

最後は、普段の自分では考えないようなことまで、化学反応を起こすことで到達する段階である。例えば、あえて逆を考える、自分ではない特定の人だったらどう思うかを想定するなど、具体的な方法をご紹介したい。

しかし、その前に、自分の考えとより冷静に向き合うために、時間を置くことも重要である。自分の頭にある内なる言葉を書き出すだけでも、客観性を持って考えていることを把握できるようになるのだが、時間をあけることで、その効果はさらに高まっていくのだ。

この「思考サイクル」を繰り返すことで、内なる言葉の語彙力が増えていき、その結果、内なる言葉の解像度を上げることが可能になる。

すると、物事について深く考えることができるようになるため、思考に厚みが生まれ、自然と外に向かう言葉は深みと重みを持つようになるのだ。

内なる言葉が磨かれることで、一般的に言われている語彙力や文法などではない、本当の言語力が鍛えられる。

さらに、自分が今何を考えているのか、何のために考えているのか、どんなレベルまで考えられているのか、が明らかになるため、外に向かう言葉、コミュニケーションをするための言葉に変換することが容易になる。なぜなら、内なる言葉を意識しながら、相手が理解しやすいように順を追って話したり、書いたりすればいいからである。

こうした体質をつくることこそが、自分の感情を表現するために外に向かう言葉を自由自在に扱えるようになる近道である。

よく考えるということは、長い時間考えることでもなければ、誰かと相談したり、打ち合わせを重ねることでは

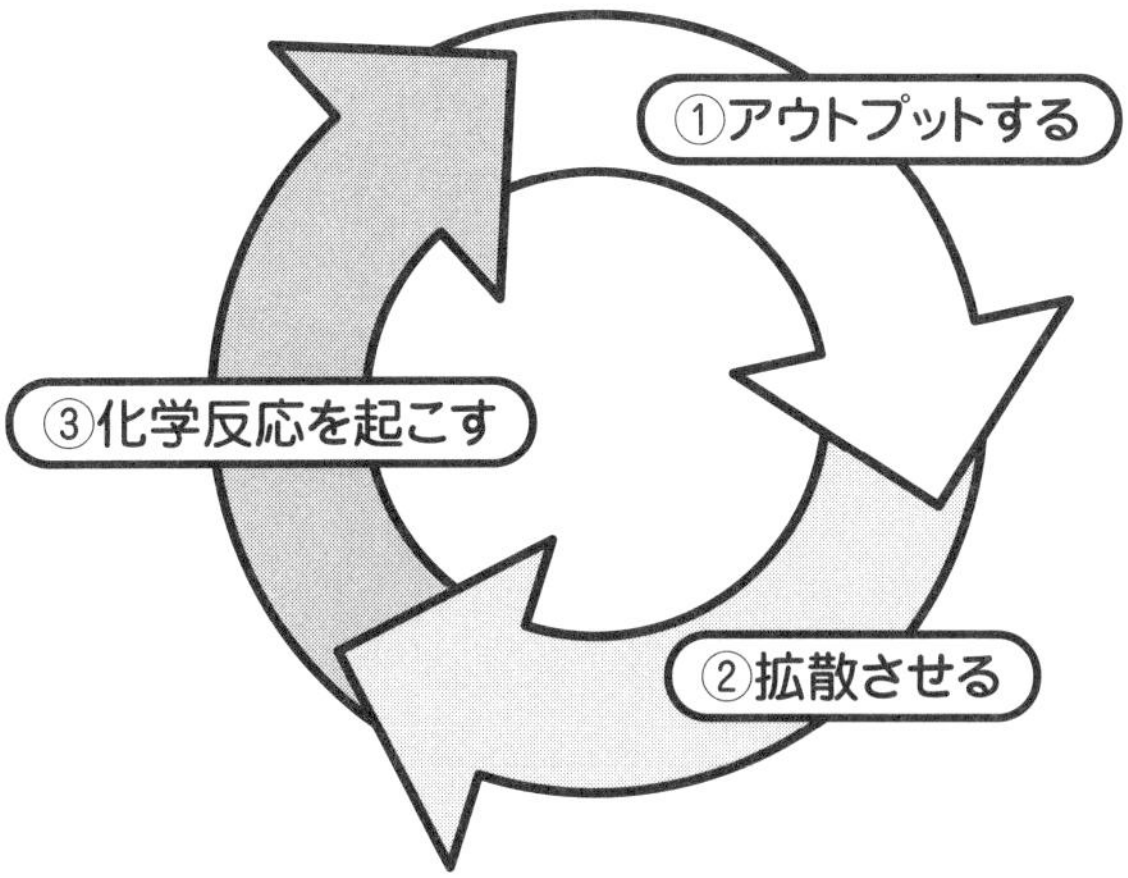

自分の中に「思考サイクル」をインストールする。

ない。よく考えたつもりになっているだけでは、いつまでも頭の中のもやもやは消えることなく、悩みも解消されない。

課題の本質を摑みとったり、本当に自分が悩んでいること、解決したいことに真正面から向き合わなければ、いつまでも課題や悩みの表面を撫で続けることになってしまう。考えが進んでいかないことや、答えにたどりつけないことに自分自身が焦り思考が止まってしまうという悪循環に陥ってしまうこともある。

そのため、このプロセスは、ゲームを行うかのように気軽に取り組んだほうが効果的である。真剣に行おうとすればするほど、身体も心も固くなり、内なる言葉を自然に書き出すことができなくなってしまうからだ。

自分が抱えている様々な課題を想定することで、慣れながらコツを摑んでいただきたい。

自分の中にある課題を設定する。

ここからは「アウトプットする」「拡張する」「化学反応させる」の3つのステップを、具体的な7つの手順に沿って説明を続けたい。

自分が今最も解決したい課題を思い浮かべることで、本当に考えていることを把握し、考えを進めていくことが可能になる。

頭に浮かべる内容は以下のようなものが挙げられるであろう。

〈自分という存在について〉
- 一番大事にしているものは何か？
- どんな時に充実感を感じやすいか？
- やらなければならないことに追われていないか？
- 本当にやりたいことは何か？
- 他人には負けない得意なことはあるか？
- 今後、どう成長していきたいか？

〈将来について〉
- 5年後、どんな暮らしをしていたいか？
- 10年後、どんな暮らしをしていたいか？
- 30年後、どんな暮らしをしていたいか？
- 理想とする生き方はあるか？
- 将来、どんなことを成し遂げたいか？
- 人生のゴールは何か？

〈人間関係について〉

- なぜコミュニケーション能力を高めたいと思うのか？
- 腹を割って話せる友人はいるか？
- 接するのが苦手な人がいるか？
- 同僚や上司とどういう距離感で接したいか？
- 八方美人になっていないか？
- 人の好き嫌いはあるか？

〈恋愛について〉

- 好きな人のどこが好きか？
- 好きな人からどう思われているか？
- 好きになりやすいタイプはあるか？
- 恋人とどういう関係を築きたいか？
- 恋人との関係はどう変わっていったか？
- 結婚についてどう思っているか？

〈仕事について〉

- 今の仕事のどこが好きか？
- 今の仕事のどこが嫌いか？
- 給与をもらう以上の価値を感じているか？
- 今抱えている案件をどう進めていきたいか？
- どんな能力を鍛えていきたいか？
- これからどんな仕事に携わりたいか？

〈就職・転職について〉

- どんな仕事に興味があるか？
- どんな業界に興味があるか？
- どうしてその企業に魅力を感じるのか？
- 自分の経験をどのように活かせるか？
- これからどんな仕事に携わりたいか？
- 子どもの頃からの憧れがあるか？

こうした自分が抱えている具体的な課題を想定することで、７つの手順が自分ゴト化されていく。その一方、何の課題も持たないまま読み進めてしまうと、感じることが半減してしまう。そのため、まずここで自分が今最も考えければならないと思っているテーマを決めていただきたい。

1つのトピックについて7つのプロセスを行ったならば、その後、テーマを変えて同じことを繰り返していく。そうすることで、自分の考えるクセや思考性を把握できるようになるだけでなく、考えを正しく進める方法を体得できるようになる。その結果、内なる言葉の解像度が上がっていき、外に向かう言葉は自ずと力強いものとなっていく。

これから示す7つのプロセスは、日頃から私が行っている思考を整理するプロセスであり、キャッチコピーを書きながら精査したり、広告コミュニケーションの企画や企画書を練っていく際に実践している方法でもある。そして、多少の差異はあれども、私が出会ってきた多くのクリエーターやマーケターが行っている工程でもあるため、多くの人にとって有益なものであることを保証する。

それでは、具体的な方法に入っていこう。

①頭にあることを書き出す〈アウトプット〉

全ては書き出すことから始まる。

例えば今、新しいことを考え始めたとしよう。

すると、新しい内なる言葉が心の底から次々と浮かんでくる。さらに時間をかけて考えを進めると、過去にあった出来事や、そこで感じた感情を思い出す段階に入る。そして、考え続けることで、「よし、考えたな」と納得できるところまでたどりつく。

では、実際に考えたことを口に出して話してみようとすると……

あれだけ考えたはずなのに、言葉は一向に出てこない。こうした「悩み方」に悩みを持っている人は多いと思う。

こうした状況に陥る理由は、大きく3点に分けることができる。

1. 頭が一杯になった＝よく考えたと誤解してしまう
2. 思考が進んでいくと、最初に考えたことが忘れ去られてしまう
3. 断片的で脈絡もなく、考え散らかしていることに気付いていない

原因が分かれば、解決する方法は自ずと見えてくる。その最も効果的な方法が、書き出すことである。

頭の中のあらゆる考えを外に出し、形を与えることで、どれだけ自分が考えているかを把握することができるようになる。一度考えたことを記憶しておく必要もなくなり、「せっかく考えたのに忘れてしまった」といったこともなくなる。さらに、頭の中を客観的に見渡すことができるようになるため、自分の考えがいかに一貫性がなく断片的であるかにも気付くことができる。

頭に浮かぶ内なる言葉に注意を払い紙へと書き出すだけで、1～3の全ての原因が解決してしまうのだ。

書き出す言葉は、単語でも、箇条書きでも、文章でも構わない。無理に文章にしようとすると、うまく書こうとしてしまったり、論理的に考えようと身構えてしまうため、よい結果に結び付かない。慣れてきたら文章にすることを意識したほうがいいのだが、最初のうちは頭に浮かんだ内なる言葉が消えてしまう前に、とにかく書き留めるのがよい。内な

る言葉が生まれてくる早さに併走して、思考に置いていかれないこと、見逃さないようにすることが重要である。

ここで書き出す言葉は、もちろん、人に見せるものでもなければ、7つのプロセスの始まりに過ぎない。そのため、論理的であったり、一本筋が通っている必要もない。

自分で見直した時に何が書かれているか理解できる、その時にどんな気分だったかを思い出すことができる、といった必要最低限の条件さえ満たしていれば十分である。

A4の紙があなたの武器になる。

どんなに記憶力がいい人でも、限界がある。特に考えるという繊細な作業を行おうとするならば、次から次へと新しい考えが湧き出してくるので、その全てを記憶し、把握しておくことは不可能である。

そこで、頭の中を1つの机として捉えると、分かりやすい。

整理整頓ができている人の机は1つのことに集中しやすいが、煩雑で散らかっている机では、集中することは難しい。

机の大きさも人によって違う。広い人もいれば、狭い人もいる。しかし、広ければいいわけでも、狭いから悪いわけでもない。

問題は、自分の頭の中にある世界で1つだけの机をどう使うかである。

そこでまずすべきことは、机の上に広がった有象無象の書類を、同じフォーマットに置き換えて整理し、考える空間をつくることである。

有象無象の書類とは、頭の中に浮かんでくる考えの1つひとつである。考えを考えのまま漠然と取り扱おうとしてしまうと、その書類に記されている内容は写真であったり、イラストであったり、文字のようなものだったり、ただ単に色が塗られた紙でしかなかったりする。

こうしたものが机に散らばっている状態が、考えたつもりになっている状態である。しかし、冷静になれば分かるのだが、机が一杯になっていることに満足しているに過ぎず、机の上に置かれた書類の質とは無関係であることが多い。

そこで、考えることを内なる言葉を発している状態であると理解できれば、机に置かれた書類が言葉というフォーマットで統一されることになるため、圧倒的に取り扱いやすくなる。それが①で行う、頭にあることを書き出す意義である。

実際に「内なる言葉」を書き出していくのには、ノートのような綴りになっているものではなく、A4サイズの1枚紙に書いていくことをお勧めしたい。

1枚1枚が分かれているコピー紙のようなものでもいいし、後で切り離せるようになっているA4サイズのメモでもいい。コピーを失敗した裏紙でも十分である。最終的に1枚1枚の順番を入れ替えたり、グループをつくっていくことになるので、紙は横に置き、横書きで統一したほうが後々扱いやすい。

書くものは、鉛筆やボールペンといった細いものではなく、水性のサインペンのような先が適度に太いものがよい。このような形式で書き出していく理由は、以下の3点に集約することができる。

1つ目は、その全てを机に広げることによって、自分の頭の中を俯瞰して見られるようにするためである。もしもノートを使って書き進んでいくと、ページの表裏に言葉を書いてしまうことになるので、最終的に切り離して机に広げることができない。

さらに、②のステップ以降では、内なる言葉を書き出した紙を方向性ごとに分類する、順番を入れ替える、足りない部分を付け加えていくなどを行っていくため、最初から切り離されたA4サイズの紙のほうが、都合がいいのである。

2つ目は、リズムよく、次々と書いていくためである。単語が思い浮かんでいるならば、単語を書いて次の紙にいく。文章が思い浮かんだら、文章を書いて次の紙へいく。毎回毎回新しい気持ちになりながら、テンポよく、どんどん書き出していくことが重要である。

その点、ノートは上から下に向かって物事が進んでいないと違和感を覚えてしまうし、脈絡のない言葉や文章が上下にあることに気持ち悪さを感じてしまう。頭の中は物事を連続的に考えているように見えて、非連続かつ断片的にしか考えられていないことが多いため、無意識のうちに順序や順番に気を取られてしまうのだ。

その一方、切り離されている紙であれば、順番は後で入れ替えればいいし、書き間違いをしたところで、新しい紙を用意すればいい。そのため、頭の中に浮かぶ内なる言葉に向き合うことに集中できるのだ。順序や順番、正しい間違っている、一貫性の有無などを気にしなくて済むことがいちばんである。

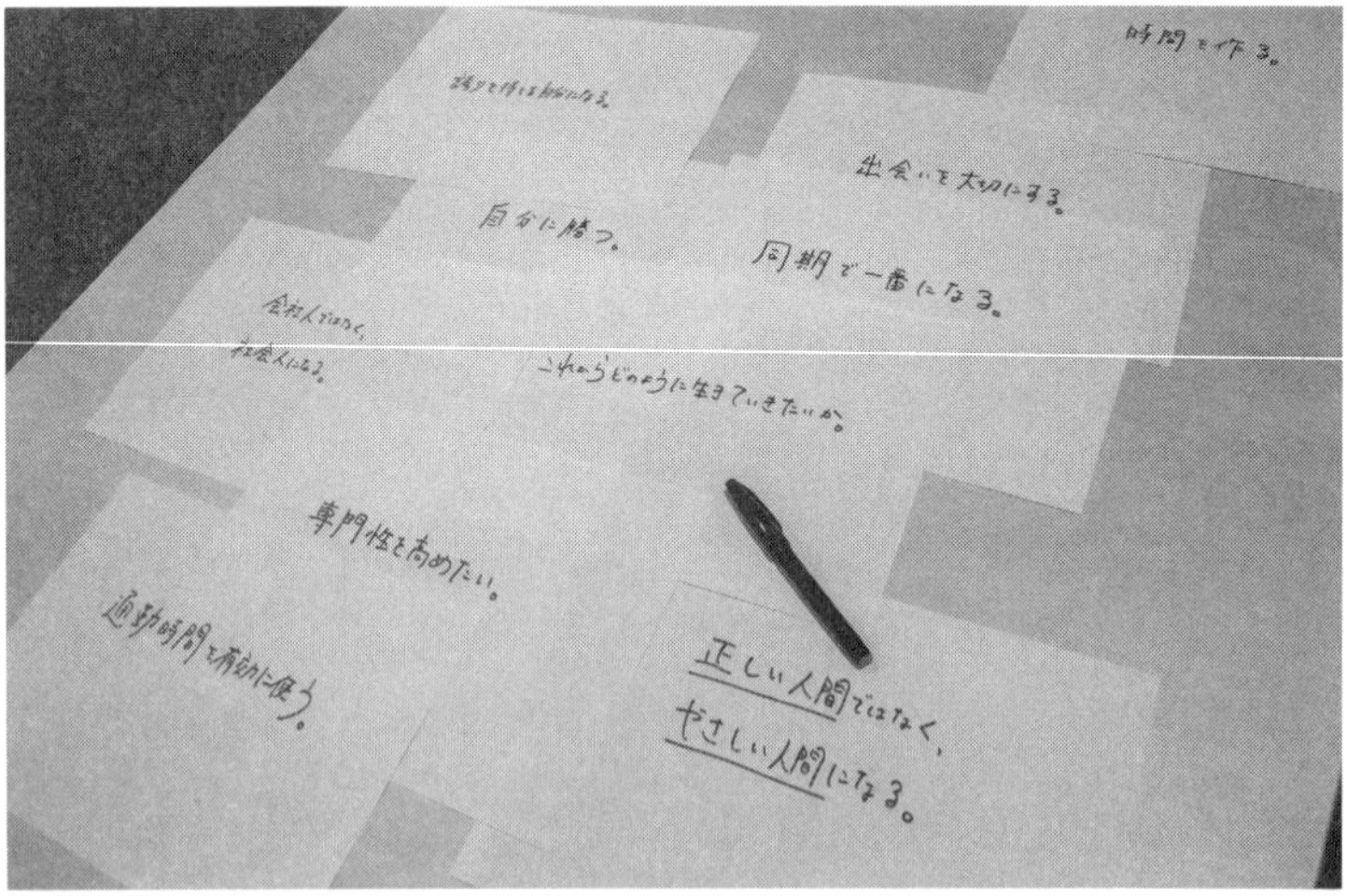

A4サイズの1枚紙に「内なる言葉」を書き出していく。

最後は、大きな文字で書けることである。

私がコピーライターになって真っ先に言われたのは「文字の大きさは、自信の大きさに比例する」ということである。確かに言われてみれば、確信を持っていることは大きな文字で書くことができるが、どこかあやふやで不確かなものは、小さな文字で書いてしまいがちである。

こちらもノートで考えてみると、ノートに印刷されている罫線に合わせて、小さな文字を書いていくことになる。ノートに書くと、自分が書いたものが自信なさそうに見えてしまうのだ。

内なる言葉と向き合う行為は非常に繊細であり「本当かな？」と疑念が湧いた時点で、すぐにうまく行かなくなってしまう。そのため、頭に浮かんだことを、自信を持って大きく書くことが大事なのだ。

とにかく書く。紙がもったいないと思っても書く。その1枚1枚が自分自身であり、自分を知り、内なる言葉を磨いていくことにつながるのだ。

最初のうちは、何も書き出すことができずに、途方に暮れてしまうかもしれない。しかし、それは内なる言葉に意識を向ける訓練ができていないだけなので、心配することはない。書き出そうとする作業を習慣化させることが重要であり、その結果「今自分はこう思っている」「こんな言葉が浮かんだ」ということが鮮明になってくる。

具体的に、「自分がこれからどのように生きていきたいか」を例に、書き出されるであろう内なる言葉を以下に挙げてみよう。

「自分がこれからどのように生きていきたいか」「自分の好きなことを続けていく」「趣味と仕事を両立する」「仕事で成功する」「成功ってなんだ？」「人の役に立つ仕事をする」「でも、世の中をあっと言わせたい」「会社人ではなく、社会人に」「自分磨きを怠らない」「誇りを持てる自分になる」「英語やらなきゃな……」「資格も取らなきゃ」「専門性を高めたい」「同期で一番になる！」「自分に勝つ」「時間をつくる」「飲み過ぎない。一次会で帰る」「幸せな家庭を持ちたい」「出会いを大切にする」「こまめに連絡する」「正しい人間ではなく、やさしい人間になる」「他の人と違うことにチャレンジする」「忙しくても友達と会う」「スマホばっかりしない」「通勤時間を有効に使う」「身だしなみを整える」「1つでもいいから成功したい」「継続は力なり」「ウサギと亀の亀になる」「次のためにお金を貯める」

ここで挙げただけでも、30を超えている。このように、前後に脈絡がなくても、本題から少しズレていたとしても、頭に浮かんだことをとにかく書き出すことが重要である。

スペースのない人は、付箋とノートを組み合わせる。

最終的には内なる言葉を書き出したA4の紙を広げながら、整理し、さらに考えを深めていくことになるのだが、A4用紙を広げるスペースがない人には、付箋とノートを組み合わせる方法をお勧めしたい。

ノートに直接書くのではなく、付箋に内なる言葉を書き出して、ノートに貼っていく。そして、納得できるまで書き出すことができたら、付箋を見渡しながら、

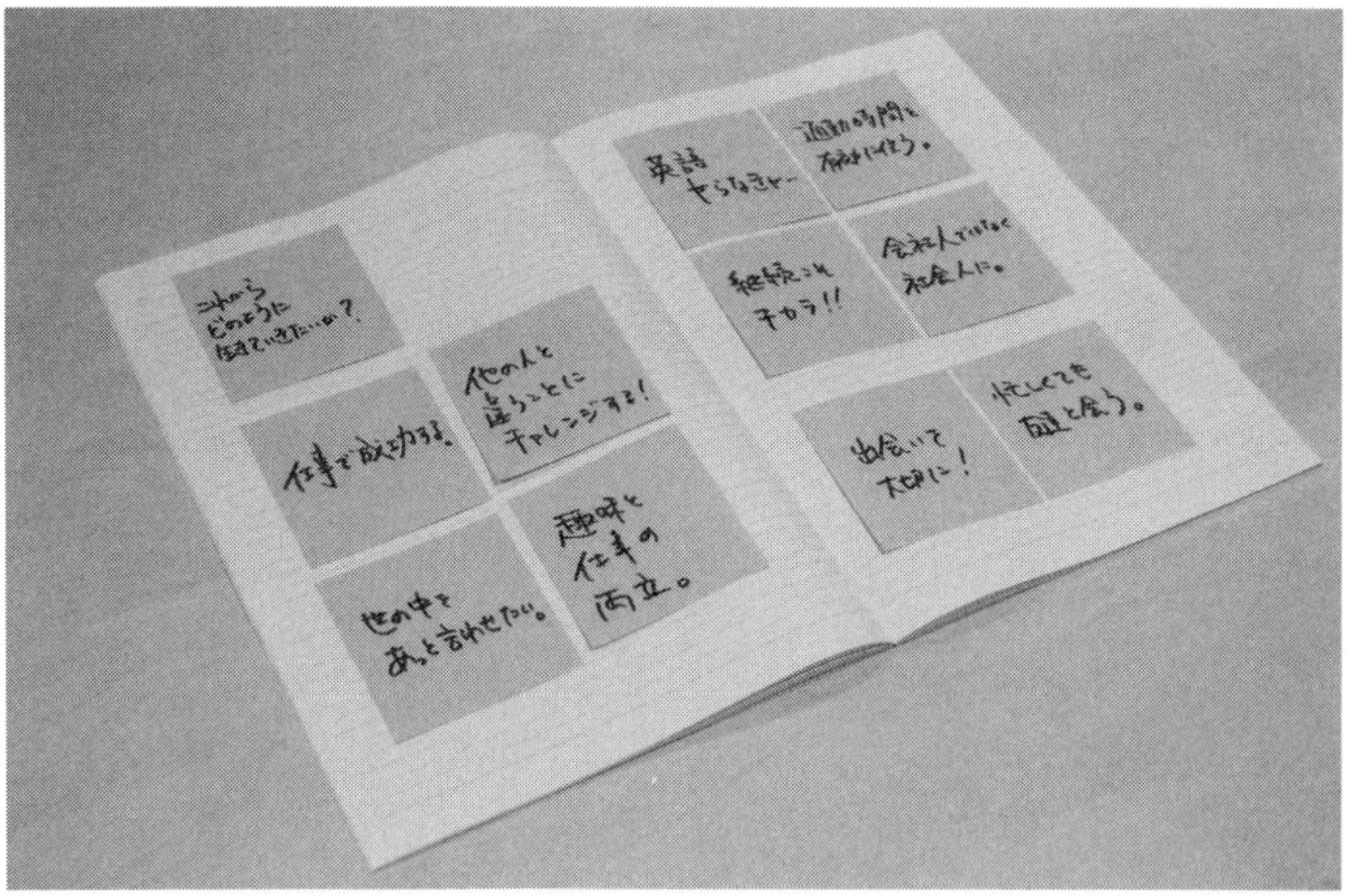

広いスペースがなければ、付箋とノートの組み合わせでもいい。

別に用意したＡ４の紙にグループをつくりながら貼り替えていくのだ。すると、省スペースで思考サイクルをまわすことができるようになる。

役割を明確にするならば、付箋が断片的な内なる言葉、ノートは一時保管場所、Ａ４用紙は分類する場所となる。

方法に違いはあれど、やるべきことは同じである。

書き出す、拡張する、化学反応させる。

こうした一連のプロセスを、最も気分よく進められるやり方を選べばいいと思う。

とにかく書き出す。
頭が空になると、
考える余裕が
生まれる。

②「T字型思考法」で考えを進める〈連想と深化〉

「なぜ？」「それで？」「本当に？」を繰り返す

頭に浮かんだ言葉を書き出す、内なる言葉に目を向けて形にする。

簡単なように思える作業を実際に行ってみると、なかなか手ごわいことが分かると思う。頭の中を形にするだけでもひと苦労なのに、考えを深めたり、幅を広げたりすることは、さらに難しい。

①で書き出された内なる言葉は、これから考えを進めていく、つまり、内なる言葉を磨いていく過程における出発点であると考えてもらえばいい。

だから「こんなことでいいのか」「実は何も考えられていなかった」「恥ずかしい」などと思う必要は全くない。ここから思考を様々な方向へと拡張していければいいのだ。

逆に言えば、ここから始まる②以降のプロセスは、①の出発点がなければ行うことはできない。

②で取り上げるのは「なぜ？」「それで？」「本当に？」の3点をキーワードに、内なる言葉を拡張し、解像度を上げていく具体的な方法である。

この「なぜ？」「それで？」「本当に？」の3つの言葉には、それぞれ違った方向に思考を進めさせる役割がある。「なぜ？」は考えを掘り下げる、「それで？」は考えを進める、「本当に？」は考えを戻すことである。

この状況を図解してみると、①で得られた言葉を中心に「T」の形になるように思考が進んでいくため、「T字型思考法」と名付けている。

では、それぞれの効果について説明を続けたい。

1.「なぜ？」：考えを掘り下げる

なぜそのように考えるのか、内なる言葉が浮かんだのかを自分自身に問いかけることで、思考を深めていく。自分の根本や、思考の源泉、そもそも持っている価値観に迫っていく。

物事を考える際、表面的な内容を考えてしまいがちなのだが、「なぜ？」を繰り返すことで、より抽象度が高く本質的な課題について考えることができるようになる。

①で書き出した内なる言葉を掘り下げていくことになるため、下へ下へと考えを深化させていくイメージを持つと理解しやすい。

2.「それで？」：考えを進める

「それで？」の後には「それで、結局何が言いたいの？」「それで、結局何がしたいの？」「それで、結局どんな効果があるの？」といった言葉が隠れている。

そのため、今考えていることが実現されることで、どんな結果を生むのか、どんな効果を得られるのか、果たして意味があるのかを考えることで、思考を前へと押し進めていくことが可能になる。

1つのことを長い時間考えていると、本来の目的を忘れてしまい、「考えるために考える」というループに陥りやすい。

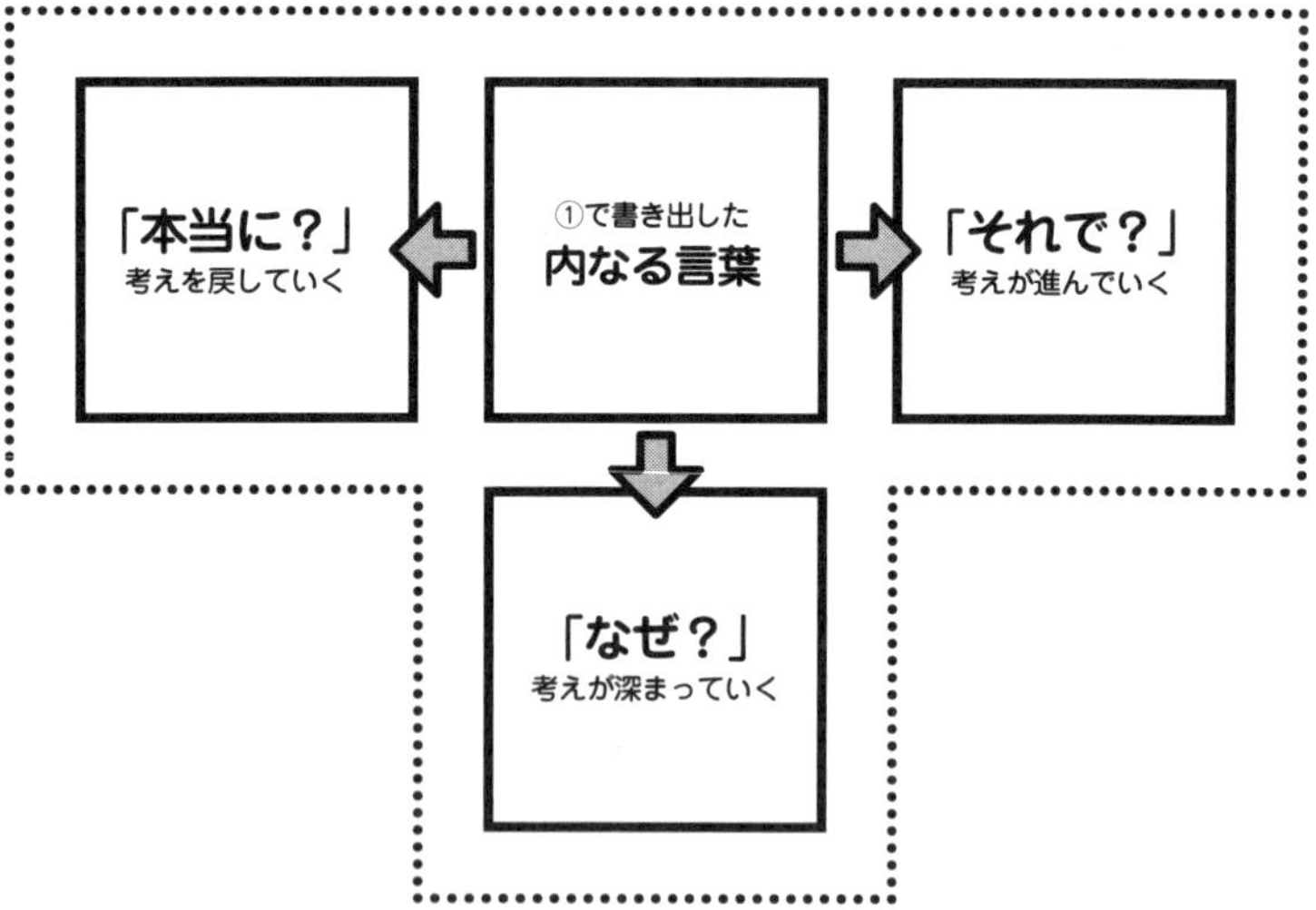

連想と深化を促す「T字型思考法」

そこで、「それで？」と自分に問うことで、本来の目的を思い出し、正しい方向に考えを進めることができるようになる。

3.「本当に？」：考えを戻す

自分が考えていることに対して疑問を持つことは、「建前だけで考えていないか？」「それは自分の本音なのか？」「本当に意味があるのか？」について考える布石になるため、一旦冷静になり、考えを戻す効果を持っている。その結果、今まで考えが及んでいなかった違う方向について考える余地を生み出すことができるようになる。

考えるという行為をしていると、知らず知らずのうちに、1つの物事を突き詰めることで近視眼的になってしまう。そのため、ある程度考えが進んだところで「本当に？」と自問自答すると、より広い視野で物事を捉え直すきっかけになる。

あまり考えが進んでいないときに「本当に？」を繰り返してしまうと、せっかく浮かんできた内なる言葉を潰してしまう可能性があるので、注意が必要だ。考えが行き詰まってしまったり、思考が止まってしまった時に試してみるとよいだろう。

先ほど例に挙げた「自分がこれからどのように生きていきたいか」の中に、「仕事で成功する」という言葉が出てきたので、この言葉を軸としてT字型思考法を行ってみよう。

まず、①の「なぜ？」で考えを掘り下げてみると、「やるからには本気でやりたい」「同期には負けたくない」「評価されたい」「昇進したい」「自分の限界を打ち破りたい」「自分に自信を持ちたい」といった言葉が生まれてくるので、その1つひとつを書き出していけばいい。

②の「それで？」で考えを進めてみると、「社会を良くしたい」「クライアントを満足させたい」「社内で評価されたい」「次もいい仕事をし続けたい」「キャリアアップしたい」「自慢したい」となる。

③の「本当に？」で考えを戻してみると、「とはいえ、自分の時間も大事にしたい」「仕事だけじゃなく家庭も大事にしたい」「成功っていうより、いい仕事をしたい」「時には失敗もしないと」となるだろうか。

このように3つの方向に考えを進めることによって、自分が思っていることを明確に把握できるようになってくる。この1つひとつの言葉を認識し、自分の中へと還元していくことが重要なのだ。

常に、自分が考えている抽象度を意識する。

「T字型思考法」を繰り返し行っていくと、考える幅が広がり、奥行きも深くなっていく。

思考が進んでいくことは良いことなのだが、気を付けなければならないこともある。

それは、「思考の迷子」になってしまうことである。
①で書き出した内なる言葉を軸にして、②で示した「T字型思考法」を用いて「なぜ?」「それで?」「本当に?」を繰り返していくと、脳が刺激を受けることで新たな内なる言葉が次々と生まれてくる。
すると、内なる言葉を書き逃すまいと思う気持ちが働き、文字を書き続けることや、思考を進めることに注力してしまう。その結果、自分が今何を考えていて、次に何を考えなければならないのかが抜け落ちてしまうことがある。

目的と手段が入れ替わっている状態である。

本来の目的は、「T字型思考法」を用いて内なる言葉の語彙力と解像度を高めることである。しかし、「T字型思考法」を行うことが目的になってしまうのだ。

そして、ふと客観的になると、自分が一体何のために、何を考えていたのかが分からなくなってしまう。今自分がどこにいるかも、どちらの方向に行けばいいのかも分からない状態に陥ってしまうのだ。これが、思考の迷子である。

思考の迷子にならないようにするために有効なのが、常に自分が考えている抽象度を意識することである。

抽象度とは、具体的と抽象的を行き来する軸であり、自分が今具体的なことを考えているのか、抽象的でコンセプトに近いことを考えているのかを計る尺度である。

なぜこの抽象度が大事かというと、思考の迷子になってしまうのは、具体的に突き詰めて考えている時、つまり、視点が狭くなり過ぎている時に起きることが多いからである。そのため、自分が今何を考えているかを見失ってしまった際には、抽象度を上げて、よりコンセプトに近い内容を考えるようにすれば、出発点に戻ってくることができるようになる。狭くなっていた視野を広げ、自分の立っている位置を把握できるようになるのだ。

その後は戻ってきた地点から再度考えを広げたり、深めたりすればいい。

真面目な人ほど思考の迷子に陥りやすいので、注意が必要である。

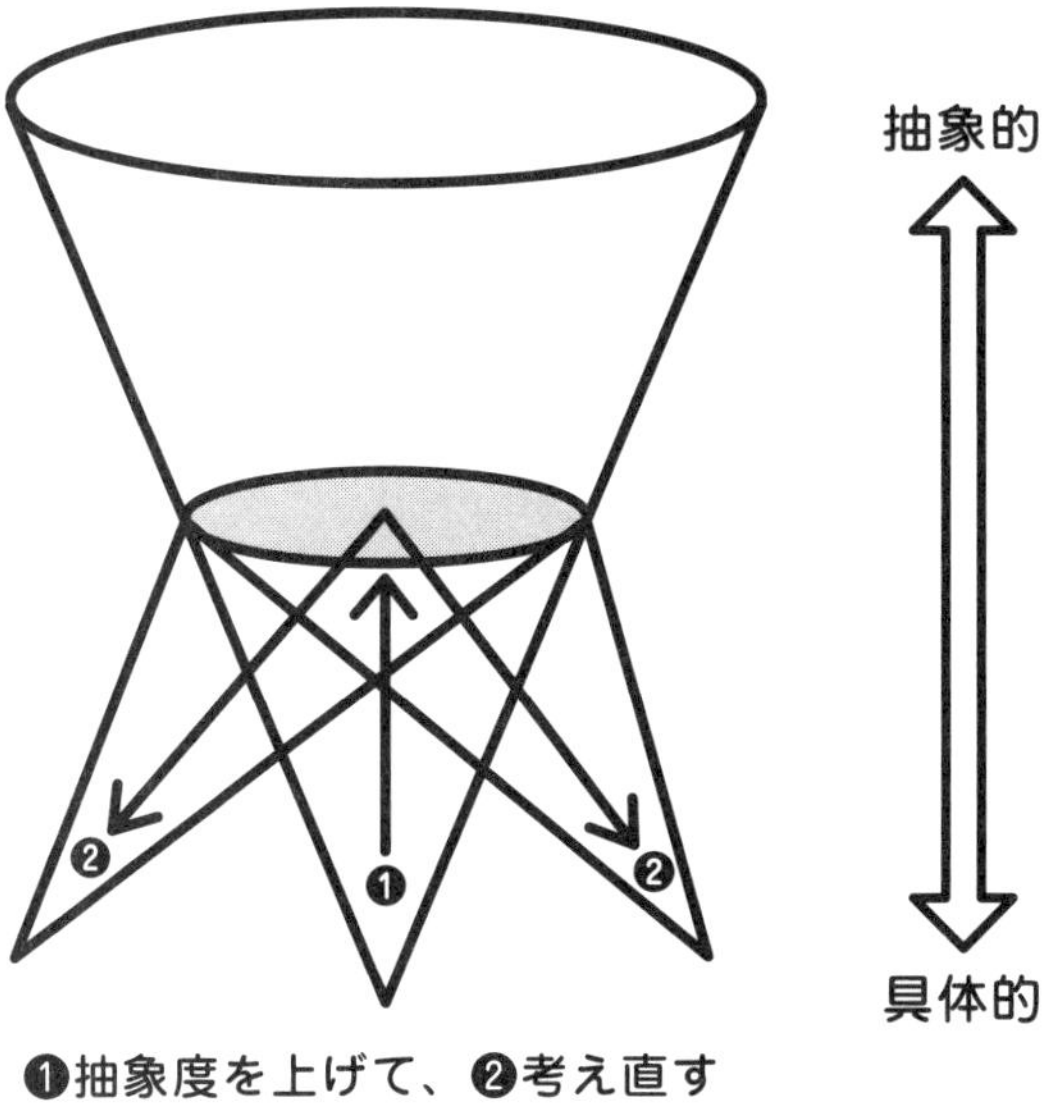

常に、自分が考えている「抽象度」を意識する。

③同じ仲間を分類する〈グルーピング〉

内なる言葉を俯瞰して観察する。

次のステップは、①で書き出し、②で広げた考えを整理していく段階である。

頭の中の机に散らばった資料を同じ仲間同士に分類し、大きな方向性に分ける。すると、いかに自分が偏った幅の中でしか考えられていないかが目に見えて分かるようになる。

その意味では、自分の思考のクセを知る重要な過程であると言えよう。

違うことを考えているつもりでも、実は同じことを考えていたと気付くこともある。その一方で、考えが進んでいないと感じていても、実は、似て非なる物の見方ができていたことに気付くこともある。

①②は自分の内面と向き合うという繊細で主観的な作業であるが、③はできるだけ客観的でなければならない。

そのため、同じ仲間を分類しグルーピングする作業では、①②で書き出した言葉を極力自分と切り離して捉えたほうがいい。どうしても自分が書いた言葉と意識してしまうと、書いてある言葉に、その言葉以上の思い入れやこだわりが生まれてしまうためである。

まず、最初に行うことは至って単純で、紙を順に見ながら「これは別の考え方をしているな」と思った言葉をいくつかの塊に分けることから始めていく。

最終的に塊がいくつ生まれるかも分からないし、塊によって振り分けられる枚数にバラつきもある。もしかしたら、30枚と、たった1枚になってしまうこともあるだろう。しかし、それは思考のクセによって生

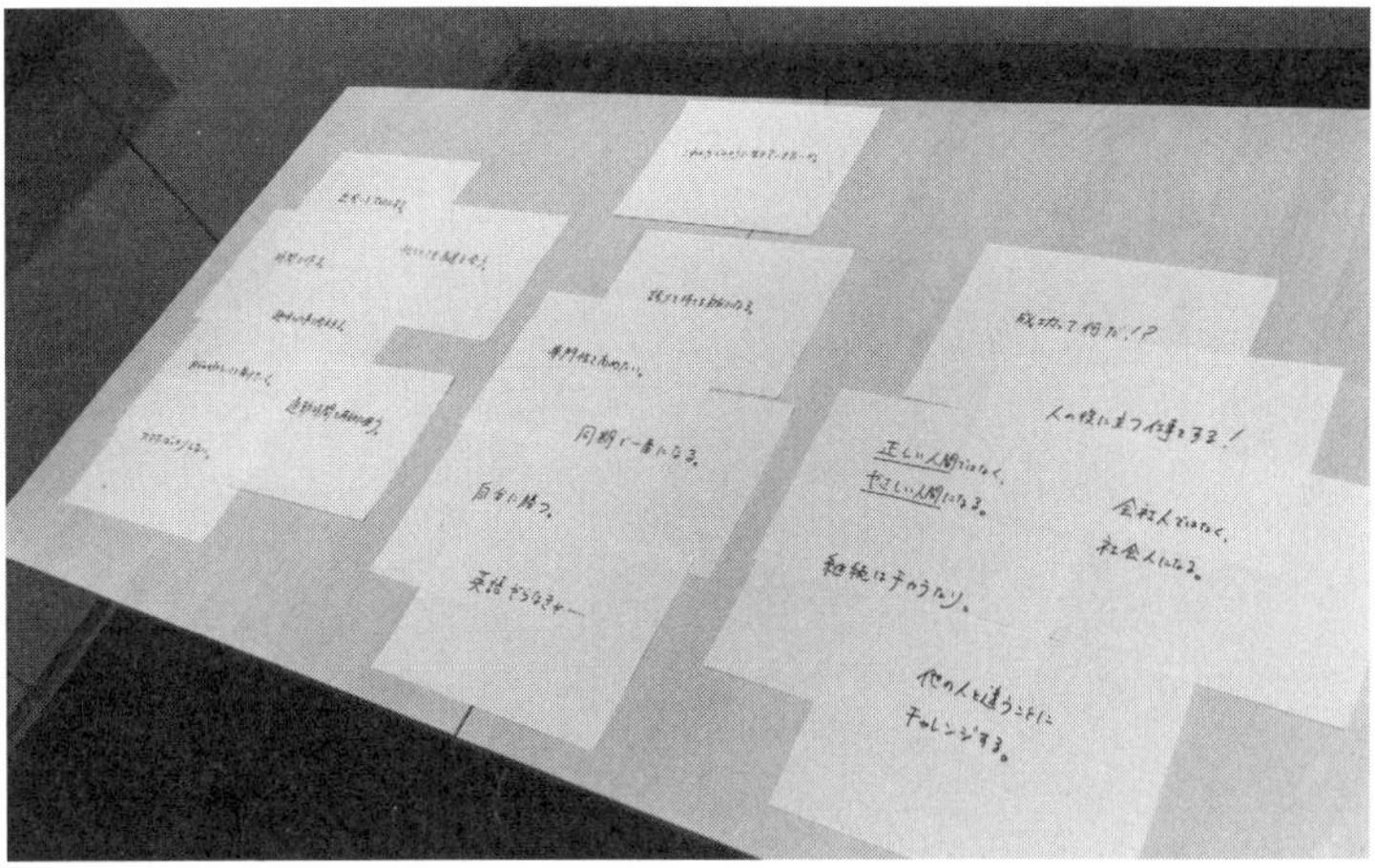

書き出した「内なる言葉」をグルーピングする。

まれるものであるため、「この仲間だけ妙に数が多いな」「違うグループが生まれないな」などは気にせず、淡々と分けていく。

全ての紙を分類し終えたら、最も枚数の多い束、つまり、最も考えていた方向の束を手に取り、もう一度分類する作業を行う。既に分類する作業を一巡しているため、全体像を把握できていることから「この内なる言葉は別のグループに分けてもいいな」「これは新しいグループをつくっていいかもしれない」と、さらに客観的な視点で分けていくことができるようになる。

分類する、見直す、という作業を3回ほど繰り返すと、ほぼ正しくグルーピングできているようになる。1回だけでは全体を俯瞰して見切れていないことが多いため、少なくとも3回は見直すようにしている。

横のラインと縦のラインを意識する。

次は、方向性を意識しながら、その中の順番を入れ替えていく作業である。

その時には、方向性を横のライン、深さを縦のラインとすると整理しやすい。

具体的には、まず分類された魂を紙の枚数が多い順に左から右へと間を空けて置いていく。違う視点によって生まれている内なる言葉を、横に並べるのだ。

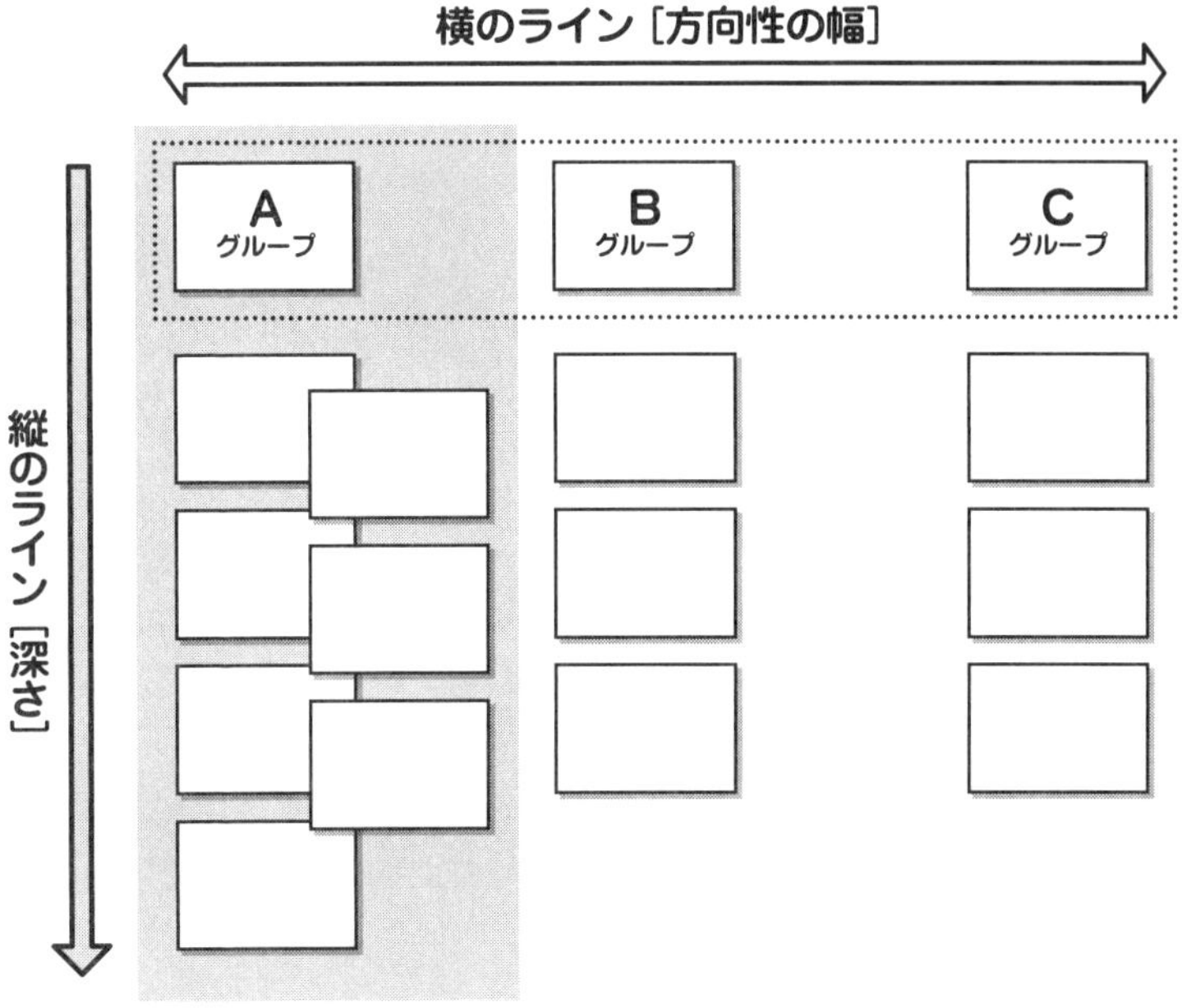

横のラインと縦のラインを意識する。

次に、それぞれの紙の束を手にして、その中でも近いものをさらに分類しながら、より本心に迫っているものや、確かにそうだなと感じられるものを上から順番に並べていく。

このように①②で生まれた紙を並べていくと、自分がどれだけの幅で、どれだけ深く考えているのかを把握できるようになる。この網目を細かくしていくことが、内なる言葉の解像度を高めることにつながるのだ。

同じ仲間をグルーピングする作業は、できるだけ大きな机で行うことが望ましい。会社に勤めている人は、会議室を用いるといいだろう。家庭で行う場合は、ダイニングテーブルや床に置いていくのも有効だ。

セロテープで壁に貼っていく方法もある。その時に気を付けるべき点は、机で行うときと同様に、横のラインと縦のラインを意識して、できるだけ整列させて貼っていくことである。壁に貼っていく方法は、自分と紙との距離を一定に取ることができるようにもなるため、物理的にも貼り出した紙の内容と客観的に向き合うことができる利点もある。

同じ仲間に名前を付ける。

グルーピングの最後に行うのが、それぞれのグループに名前を付けることである。

この意義は、今まで漠然と考えていたものに、方向性としての名前を与えることで、思考をより明確化することにある。新しいグループ名が生まれると、今まで自分が考えてきたことが明確になるだけでなく、さらに考えを深める指針が生まれることにつながる。

実際にグループの名前を付けてみると、その名前に自らが刺激を受けて、「そう言えば、こんなことも考えていた」「こんな可能性もあり得るのではないか」というように、連鎖的に内なる言葉が生まれてくるようにもなるのだ。

そこで大事なのが、名前の付け方であるネーミング法である。

先ほどの例で挙げた「自分がこれからどのように生きていきたいか」で言えば、「会社のこと」「本当にやりたいこと」「自分の成長」「なりたい自分像」「次のステップ」「人間関係」「仕事とプライベート」「昇進」などの方向性が生まれてきていた。おそらく、就職活動や転職活動でも、同様な方向性が生まれてくるだろう。

恋愛であれば「どんな人が好きか」「何を一緒にしたいか」「相手の条件」「自分の長所」「自分の短所」「恋愛と結婚」「出会いの場」などが横のラインに並んでいく。

ここの括り方は、全体を見ながら、仮の名前を付けておくことで問題ない。なぜなら、次の④のプロセスで考え足りない部分を補完し、最終的に名前を付け直しても問題ないからである。

最低限守っておくことは、「分けているようで、実は分かれていなかった」という重複を避けることである。重複がないようにするための指針を挙げるので、方向性を分ける参考にしていただきたい。

時間軸：過去のことなのか、現在のことなのか、未来のことなのか
人称軸：自分のことなのか、相手・他人のことなのか
事実軸：本当のことなのか、思い込みなのか
願望軸：やりたいことなのか、やるべきことなのか
感情軸：希望なのか、不安なのか

こうした軸が定まってくると、自分が考えてきた全体像を把握できるようになるだけでなく、考え足りないことに気付くことができるようにもなっていくのだ。

④足りない箇所に気付き、埋める〈視点の拡張〉

横のラインを意識し、考えを広げていく。

広く考えているつもりでも、同じことばかりを考えていた。あんなに時間をかけたのに、こんな狭い幅しかなかった。

頭の中にあった内なる言葉を俯瞰してみると、このように愕然とする人が多いと思う。だからと言って、落ち込む必要はない。

人間は常に自分という壁の中でのみ思考が進んでいくので、思考の方向性は「思考のクセ」として現れるからである。そのため、思考のクセを把握し、冷静な視点で足りない箇所に気付き、考えを広げたり、深めたりすれば問題ないと言える。

大事なのは、①〜③を行った上で、足りない部分を埋め、内なる言葉の解像度を上げることである。横と縦のラインを拡充することで、内なる言葉の密度を濃くするのだ。
その第一歩としては、考えが足りない方向性について、つまり、横のラインに意識を向けることが必要となる。

恋愛の問題を抱えていて、内なる言葉として「自分がどれだけ相手が好きか」という分類が多いようであれば、「相手の気持ちを考える」方向性や、「自分が相手に何をしてあげられるか」と幅を広げていく。すると、自分本位な気持ちや相手への不満が消え、相手への接し方にも変化が訪れる。

仕事におけるクライアントへの提案ならば、クライアントの製品やサービスのことで頭が一杯になり、書き出された言葉も、製品やサービスについてが中心になってしまうかもしれない。

その時には、実際にそれらを使った人が感じる利便性やメリット、感想について考えてみると新しい方向性が生まれてくる。さらには、その製品やサービスが社会をどのように豊かにするかにまで考えが広がれば、申し分ない。

就職や転職活動において、志望理由や、自分の強みを考えているのであれば、どうしても自分をアピールしたい気持ちが先行してしまう。そのため、実際に行ってきた経験や経歴に関する思考に偏りやすい。

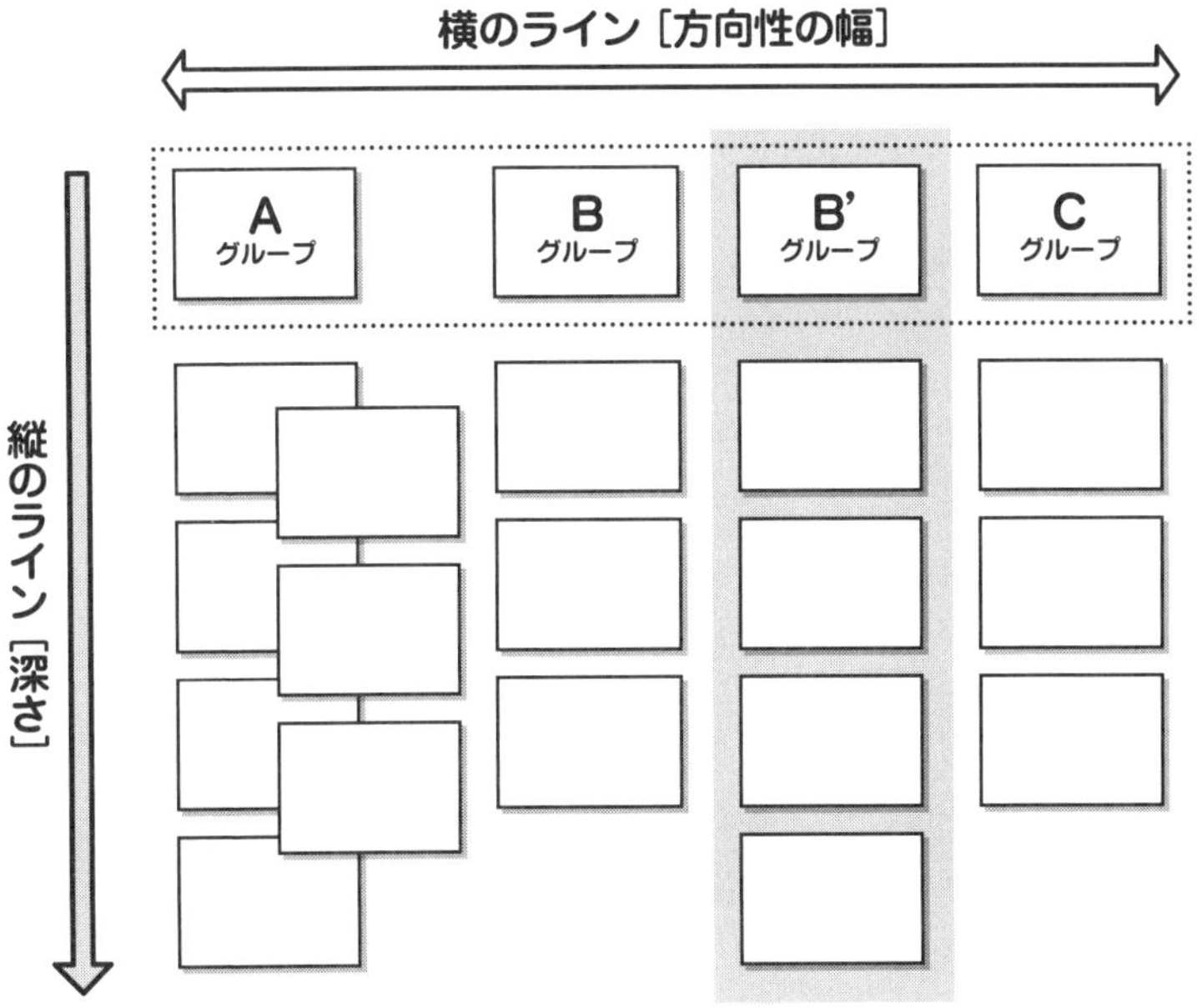

新しい方向性を見つけた上で、深く考える。

そうであれば、自分に何ができるかを、会社に社会にどう貢献できるかに結び付けて考えるだけで思考の幅は一気に広がる。さらに、自分の強みにばかり気を取られていたならば、自分の弱みにも目を向けることで、コンプレックスこそがあらゆる動機になっていることに気が付くこともあるだろう。

内なる言葉を書き出して整理してみると、自分のことだけを考えている人と、相手のことだけを考えている人に二分されることが多い。

前者はいわゆる自分本位であり、後者は気の使い過ぎである。ここで重要なのは、どちらが良い悪いではなく、どちらも思考に偏りがあると気付くことである。両者をはじめからバランスよく持っている人は稀なのだが、自分が「足りていない」ことを認識し、受け入れることができれば、その状況は一変する。すると、自然に足りない箇所へと思いを馳せるようになり、考えが進んでいく。

Ａ４の紙に書き出された言葉は、自分の内なる言葉そのものであるため、縦横のラインにヌケモレがあると気付き補完できたならば、自ずと内なる言葉へと反映されていくのだ。

縦のラインを意識し、考えを深めていく。

横のラインを広げた後にすべきことは、それぞれの方向性に対して考えを深めていくことである。それが、縦のラインを意識して考えを深める作業である。

考える幅としての横のラインの足りないポイントを見つけてしまうと「確かにこの方向については考えが至っていなかったな」と感じ、考えを深めようとしてしまう。

しかし、そこを我慢して、まず幅を広げることだけに注力したい。

考えを広げることと深めることは、考えるという行為としては同じように思えるが、考える方向は真逆である。広げることは、物事を俯瞰して全体を見渡すことであり、深めることは、物事の本質に迫るように1つの事柄に集中することである。

ようやく広い視野で物事を見られるようになったのに、縦のラインで具体的に思考を進めていこうとすると、それだけで視野が狭くなってしまう。そのため、まずは横のラインを拡張させることを優先したほうが得策と言える。

私の場合は、①～③のプロセスが終わったら、ひたすらに横のラインを広げ、足りない方向を列挙することから始めている。そして、ある程度幅が広がったと思えてはじめて、縦のラインを意識しながら深く考えるようにしている。

縦のラインで考えを深めていくには、③で分類した考え足りていない方向へ考えを深めていくものと、④で生まれた新たな方向へと考えを深める二種類が存在する。

1つ目の、③で生まれた方向の足りない部分を埋める作業は、紙の枚数が最も多い列から取りかかるのがよいだろう。その中で「T字型思考法」を行うのだ。「なぜ?」と問いかけることで、より根本的な内容に踏み込んでいく。「それで?」と問いかけることで、より具体的に考えを進める。「本当に?」と問いかけることで、より本音や本質に迫る。

②で行うT字型思考と、④で行うT字型思考は、行為としては同じなのだが、得られる効果は全くの別物である。前者は頭の中での自由な連鎖を促すものであって、後者は、グルーピングされた1つの方向性やコンセプトに沿って考えを深化させるものである。

次に、新しく生まれた縦のラインについて考えを深める作業へと取り掛かる。今まで考えが至らなかった方向へ思考を進めていくことになるので、今までよりもテンポよく新しい内なる言葉が浮かんでくるかもしれない。その際にすべきことは1つである。思考のスピードに置いていかれないように、とにかく筆を動かし続けることだ。

その一方、未知の考え方に対して、頭が全く動かなくなり、思考が止まってしまうこともある。その場合には、文字にする価値がないと思えるようなことであっても、頭に浮かぶ内なる言葉を掴み取り書き出すしかない。そして、紙に書かれた言葉を軸に据えて、「なぜ？」「それで？」「本当に？」と問いかけ続け、T字型に思考を進めていく。するると、「確かにこういう考え方もあるかもな」「こんな可能性は考えつかなかった」と感じられるような内なる言葉に出会うことが可能になる。

重複がなく、漏れもない状態を目指す。

縦のラインと横のラインを意識していくと、内なる言葉の解像度と共に思考の密度が上がっていく。

ここまで行ってきた①〜④のプロセスは「重複なく、漏れなく」情報を整理することを意味するマーケティング用語ＭＥＣＥ（ミーシー）と呼ばれる手法と同様であり、論理的な思考の基本であるともされている。

ＭＥＣＥは、Mutually Exclusive and Collectively Exhaustive の頭文字を取ったもので、「相互に排他的な項目」による「完全な全体集合」を意味する言葉である。

なぜこうしたものがロジカルシンキングの基本になっているかというと、ぼんやりと考えている段階では、あまりにもダブりと漏れが生じてしまうことが明らかだからである。

もちろん、MECEが奨励する完璧な「重複なく、漏れなく」という状態を目指す必要はない。しかし、①~④のプロセスを行うことで、自分の思考に重複と漏れがあることを認識し、幅広く、そして深く考えることこそに意味があるのだ。

自分の頭の中の解像度が上がってくれば、自ずと外に向かう言葉も明確になっていくものである。

横のラインと
縦のラインを増やし、
頭の中の
解像度を高める。

⑤時間を置いて、きちんと寝かせる〈客観性の確保〉

その場から離れることの効力。

①〜④を行うと、自分の頭がどのような構造になっているかを把握できるようになり、視野を広げることができるようにもなる。

そして、次に行うことは、何もしないことである。ステップを進めるのではなく、一旦時間を置くことである。

常に1つのことばかりを考えていると、無意識のうちに考えが狭くなってしまったり、冷静な目線を持つことができなくなることがあるからだ。

皆さんは「見つめる鍋は煮えない」というヨーロッパの諺をご存じだろうか。

これは、料理をしている時に、鍋の前でずっと見張っていても鍋の中身は煮えないのだが、他のことに集中した上で戻ってみると、あっという間に煮えている状態を指した言葉である。

この諺は、料理を例にしているものの、課題を持っていたり、悩みを抱えている時にも、大きな示唆を与えてくれる。十分に考えた後で、ゆっくり寝かせる時間を取ると、自然と思考が煮詰まっている、というものだ。

そのため、①～④を十分に行った上で、時間を置くことをお勧めしたい。

時間をあけることで、もう一度作業に取りかかる時には頭がリフレッシュしているため、より客観的に作業に取り組むことができるようにもなるし、①～④を行っていた時には気が付かなかったヌケモレにも気付けるようにもなる。

時間を置くのは、2～3日程度が目安となろう。その間は、他のすべきことに集中する。

そう考えれば、1回目は①～④を行い、時間を置いた上で、より考えを進める日として2回目を設定する。この2回を1セットと考えるのがいいだろう。そして、2回目には、これから⑥以降に出てくる行程を実行することで、さらに思考を進めていくのが理想的である。

セレンディピティが起きる瞬間。

ある1つの事を集中して考えた後、全く別のことをしている時に有益な情報を得たり、ふとした瞬間に答えが浮かんだりすることがある。

例えば、朝、目が覚めると、寝坊してしまったことに気付く。慌てて出発の準備をしているとスマートフォンが見つからない。「もう、こんな忙しい時に」と思いながら部屋中を探し回っていると、1ヶ月間ずっと探して出てこなかった指輪がひょっこりと顔を出す。「あれ、ここは以前にも探したはずなのに、どうしたんだろう?」

そう思って過去の記憶をたどっていくも、指輪をなくしたと気が付いた日から、この場所を入念に探したことが思い出される。その一方、肝心のスマートフォンは一向に見つかることなく、時間は刻一刻と過ぎて行ってしまう。

学校や会社の帰り、もしくは、買い物のついでに書店に寄る。普段行きなれた本屋で、いつもの順路をたどりながら、雑誌コーナーへと向かおうとすると、ある書籍のタイトルに惹き付けられ、その場に立ち尽くしてしまう。

その本は、本棚に1冊ささっているだけで、平積みされているわけでもない。そして、手にとって「はじめに」や「目次」にサッと目を通すと、まさに自分が今抱えた悩みへのヒントになるような言葉が並んでいる。

「どうして、今まで気が付かなかったのだろう？」

そう思いながら、雑誌コーナーに立ち寄ることなく会計を済ませ、家路を急いだ。


英語ができないことがコンプレックスだった。ずっと英語の勉強をしなければと思っていたにもかかわらず、日常生活の忙しさにかまけ、実行に移すことなく月日が過ぎていた。その数年後、大きな休みを取れることになり、友人と海外旅行に行くことが決まった。するとあの記憶が甦ってくる。「ちゃんと英会話、やっておけばよかったなぁ」

そんなことを思いながら、家へ帰ろうとすると、会社の近くに英会話教室があったことに気が付く。

「あれ、最近できたのかな？」

そう思いながら、教室に入ってみると、数年前から営業しているという。そして、会社に近くて通いやすいという理由で、その場で入会を決め、1週間に1回の英会話レッスンを受けることにした。


読者の皆さんのなかにも、このように偶然に何かを発見した経験をしたことがある人は少なくないと思う。

このように、求めずして思わぬ発見をする能力のことを「セレンディピティ」と呼ぶ。日本語では「計画的偶然性」と訳されることも多く、意味を解釈するならば「計画された偶然」となり、ただの偶然ではないことが分かる。

この「計画された」という部分をさらに深堀りしてみると、日頃からの課題意識と行動によって潜在的に情報感度が高くなり、気づく力が強化されている状態と言える。つまり、無意識の意識が、目の前で起きる事象に意味を与えるのだ。
①〜④のプロセスを経ることとは、自分が考えているテーマに関するアンテナを立てることにつながり、情報感度が自ずと高くなっていく。そのため、雑誌を読んでいたり、ウェブサイトを眺めていたり、電車に乗っている時に、五感から入ってくる情報を元に「自分が考えていたことはこういうことだったのか」「こういったことも考えるべきかもな」と瞬間的に問題が解決したり、ひらめきを得ることになる。
しかしながら、①〜④のプロセスを行った直後だと、まだ頭の中が熱い状態であるため、こうしたブレイクスルーは生まれにくい。数日間の時間を置いて、忘れているようで実は忘れておらず、潜在化している状態のほうが、一気に視界が広がることがあるものである。

考えていることを寝かせている間は、自分がやらないといけないことや、他にも考えなければならないことに向き合うことになる。

このように全く別の作業を行っていると、そこでも、文脈の違う内なる言葉が生まれることになるので、自ずと刺激を受けることになる。この刺激が、1つのことに集中して凝り固まってしまった思考へと影響する可能性も多大にある。

先へ先へと急ぐだけでなく、急ぐからこそ時間を置いて、考えを寝かせることも重要なのだ。

⑥真逆を考える〈逆転の発想〉

自分の常識は、先入観であると心得る。

十分に時間を置いて寝かせた上で行うべきことは、④の「足りない箇所に気付き、埋める」作業である。一旦頭がリセットされた状態であるため、考えたばかりの時と比べて客観的にヌケモレに気付くことができる。

そして、次のステップとして行うのは、真逆を考えてみることである。

①〜④はあくまでも、自分の頭に浮かんだ内なる言葉を可視化した上で、考えを広げたり、深めたりしたものに過ぎない。つまり、あくまでも「自分の常識の範囲内」でしかないのだ。そのため、真逆を考えることで「自分の常識では考えないこと」「考えられなかったこと」「考えが及ばないこと」へと思いを馳せるのだ。

自分が持っている常識とは、多くの場合、自分の世界における常識に過ぎず、他人の常識とはズレが生じている。ノーベル賞受賞者であるアルベルト・アインシュタインは、この真実を「常識とは十八歳までに身につけた偏見のコレクションのことをいう」という言葉で端的に示している。

この言葉が示しているように、自分の常識とは自分が育ってきた環境における常識でしかなく、他人にとっては非常識であり、言葉を換えれば先入観であることが多い。

つまり、真逆を考えることは「自分の常識や先入観から抜け出す」ことにつながり、半ば強制的に別の世界へと考えを広げていくことなのである。

真逆を発想することは、今までの自分の延長線上にないこと、非連続なことを考えるプロセスであると捉えると分かりやすいかもしれない。

真逆にも様々なバリエーションがある。

では、真逆を考えるとは、どのようなことなのだろうか。

「真逆＝否定」というイメージがあるかもしれないが、それは逆の軸の一部に過ぎない。真逆にはいくつかの種類があるので、具体的な真逆の発想法をまとめてみよう。

1.　否定としての真逆

否定は、もっとも理解しやすい真逆の形である。
「○○ではないもの」を見つけていけばいいので非常に分かりやすい。

できる ⇕ できない
やりたい ⇕ やりたくない
好き ⇕ 無関心 ⇕ 嫌い
強み ⇕ 弱み
賛成 ⇕ 反対　など

2. 意味としての真逆
否定ではなく、相対する意味を持つ方向へと考えを進める。
否定を反対語と捉えるならば、意味としての真逆は対義語となる。

やりたい ⇕ やらなければならない
希望 ⇕ 不安
本音 ⇕ 建前
仕事 ⇕ 遊び ⇕ 家庭

過去 ⇕ 現在 ⇕ 未来　など

3. 人称としての真逆
誰の視点から物事を考えているのかを広げていく。
自分本位な考えから抜け出すために効果的な真逆の使い方である。

私 ⇕ 相手 ⇕ 第三者
主観 ⇕ 客観
知っている人 ⇕ まだ出会っていない人
ひとりきり ⇕ 大人数
味方 ⇕ 敵　など

ここで示した3種類の真逆へと考えを広げることで、自分という視点では考えられなかったような可能性を探ることにつながる。強制的に自分の思考の壁を乗り越えて、新しい発想を生み出すことができるようになるのだ。

この行為は、やはり手を動かしながら書き出すことで、内なる言葉を磨くトレーニングになり、思考の柔軟性とともに、考えの幅、思考の多様性を自分へと取り込むことにつながる。

新しい方向性、つまり、新しい横のラインが生まれたならば、また縦のラインへと思考を深めていけばいい。常に、この「広げる」と「深める」を繰り返すことによって、内なる言葉の解像度も語彙力も密度も高まっていく。

「自分がこれからどのように生きていきたいか」を例にすると、以下のような真逆を考えることが可能になる。

仕事で成功する ⇳ 成功ではなく、いい仕事をする
世の中をあっと言わせたい ⇳ 1人ひとりに寄り添う仕事をする
自分磨きを怠らない ⇳ 仕事で自分を磨く
専門性を高めたい ⇳ 何でも屋になる
同期で一番になる！ ⇳ 同期なんて気にせず、自分と向き合う
飲み過ぎない。一次会で帰る ⇳ 飲み屋で情報収取をする
継続は力なり ⇳ 瞬発力で勝負する

否定としての真逆、意味としての真逆、人称としての真逆を用いることで、思考は確実に広がっていくのだ。

⑦違う人の視点から考える〈複眼思考〉

あの人だったら、どう考えるだろうか？

自分の常識や先入観を疑い真逆を考えることができたならば、様々な人の立場になって考える手順に入る。①～④が自分の内なる言葉を具現化したものであれば、⑥は自分では考えなかった思考にまで幅を広げるプロセスであった。そして、⑦は特定の誰かを思い浮かべることで、その人になりきって、ある課題や物事をどう考えるかを想定してみるのだ。

具体的には、恋愛や人間関係であったら自分が向かい合っている相手、クライアントへの提案であれば上司や取引先の相手だったらどう考えるかに思いを馳せる。

もちろん、対象そのものになることはできない。しかし、なりきろうとすることで、考える幅をさらに広げられるようになるので、想像力を働かせながら行ってみていただきたい。このプロセスを行うことで、自分だけの視点ではない、複眼的な視点で物事を捉えられるようになる。

ここでは、できるだけ具体的な人物を思い浮かべながら行うのが効果的である。「彼だったら、どう思うだろうか?」「彼女だったら、こう思うに違いない」と想像しながら考えを進めていくことができるようになるからだ。

「君の立場になれば君が正しい。僕の立場になれば僕が正しい」

これはミュージシャンであるボブ・ディランが残した言葉であり、自分の視点だけでなく、相手の立場から物事を考える重要性を的確に表現している。

人間関係や恋人との関係を考えているならば、その相手になりきって、相手の頭の中に浮かんでくるであろう内なる言葉を摑み取るようにしてみればいい。

また、仕事のことならば、自分の上司や部下、同僚、その他にもクライアントや取引先の人に憑依してみる。そして、彼らが何を思いながら働いているかに思いを馳せる。

自分の将来についてであれば、家族だったり、これから出会うかもしれない最愛の人を想定すれば、考えは無限に広がるであろう。
⑦の複眼思考を行うことで、自分自身の内なる言葉の中に、自分以外の内なる言葉が追加されることになり、より広く物事を考えられるようになるのだ。
私が広告の企画やメッセージを考える時にも、常に違う人の視点で考えることを行って

いる。

まずはじめに自分の視線で考え始める。具体的に言えば、企画者やコピーライターではない生活者としての自分を強く意識する。自分が今相対している製品やサービスに対して、「なぜ買うのか」「なぜ買わないのか」「どこが良かったか」「どこが悪かったか」など素直な意見を並べていく。

しかしながら、このままでは、サンプル数1の偏った情報でしかないため、自分ではない誰かを想定しながら考えを進めていく。

例えば、普段からその製品やサービスを利用しているメインユーザー。なぜこのブランドを選び続けているのか、どこに利便性を感じているのか、最初にこのブランドを選んでから使い続けるまでに、印象や心境の変化はあったか。

その逆に、途中で離反してしまった、かつてのユーザー。なぜこの製品やサービスを買わなくなってしまったのか、何に失望したのか、今はどんなブランドを選んでいるのか。

その他にも、自分の家族だったら、どう思うか。

自分の同僚だったら、どうか。

自分とは逆の性別の人がどう思うかというのも役に立つ。

思考の方法も方向性も人それぞれ違うのだが、そのなかでも、男女の違いにより物事の考え方、受け止め方は大きく異なることが多い。逆説的に言うならば、自分は、自分の性別における思考の偏りという枠に入ってしまっているのだ。

自分という壁から、自分自身を解放する。

物事の捉え方は、その人によって大きく変わる。どれが正しく、どれが間違っているという問題ではない。あくまでも「自分の中では正しい」と思っている状態でしかないため、自分以外の誰かの視点で考えることで、思考や考えの多様性を受け入れることが大事なのである。

人は知らず知らずのうちに様々な壁に囲まれて、自分の考えを制限してしまっている。その壁というのは、大きく6つに分類できる。

具体的には「常識の壁」「仕事モードの壁」「専門性の壁」「時間の壁」「前例の壁」「苦手意識の壁」と定義できる。この分類は拙書『企画者は3度たくらむ』に記しているため、詳細な説明は省略するが、各々、以下のように定義できる。

常識の壁：自分自身の中にある常識が先入観となって、思考を狭めてしまう。

仕事モードの壁：「仕事だから」と考えることで、本音が出る余地がなくなる。

専門性の壁：つい専門性という武器を用いて、課題を解決しようとしてしまう。

時間の壁：時間がなくなることで、焦ってしまい、考えることに集中できなくなる。
前例の壁：過去の経験則から、「おそらくこうなるだろう」と推測してしまう。
苦手意識の壁：苦手というレッテルを自分に貼ることで、考えが萎縮する。

このような壁を俯瞰してみると、その全ては「自分という壁」であることが分かる。つまり、人は常に自分という壁の中でしか物事を考えることができない状態にあるのだ。その壁を越えるためには、他人の視点から考えることが最も効果的である。

そして、自分という壁を越えると、そこにはそれまでの自分では考えも及ばなかったような思考や発想に巡り合うことになる。

「あの人だったら、どう思うか」「この人だったら、どう考えるか」と視点を変えることに慣れてくると、自ずと自分自身の視界も広くなる。内なる言葉の語彙力も向上し、外に向かう言葉が強化されていく。

そのためにも、まず、自分が今「自分という壁」の中にいることを意識することから始めたい。この事実に気付かないままでいると、無意識のうちに「自分が考えることは正しいに決まっている」「自分が言っていることを、分からないほうがおかしい」と自分本位かつ排他的な感情を持ってしまうことになる。

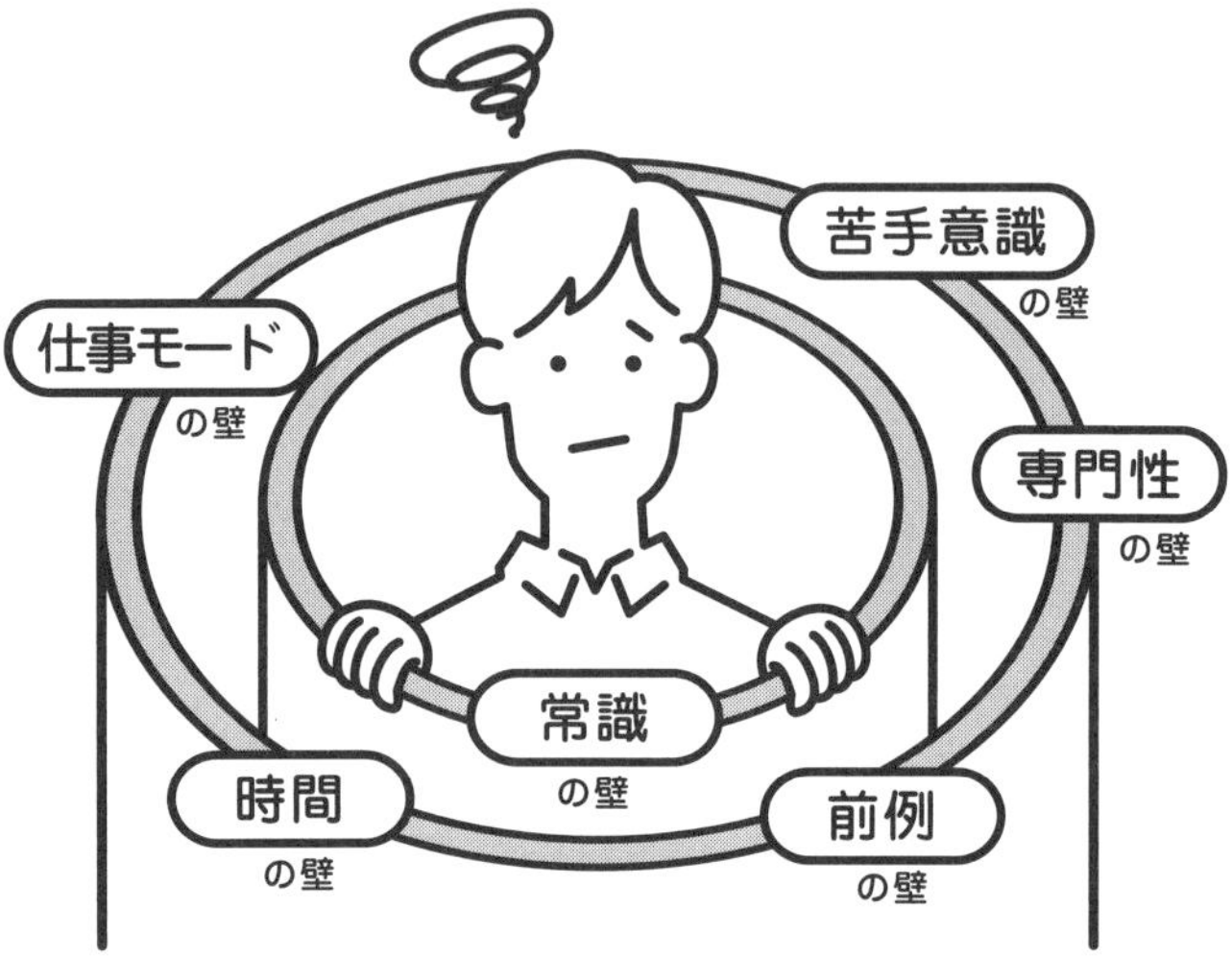

自分という壁から、自分自身を解放する。

コミュニケーションは、言葉を投げかける側と受け取る側の相互協力によって成り立っている。自分の考えている内容を伝えれば、そのまま伝わるということにはならない。さらに言えば、自分が常識だと思っていることは、相手の非常識であることも多々あるため、「自分の常識という前提」をいかに捨て去るかが、コミュニケーション効率を高めることに寄与するとすら考えて間違いない。

世の中は広く、多くの人が存在している。そして、人の数だけ考え方があり、その数だけ信念や正義があっても何の不思議もない。

もちろん、第一に重要なのは、自分自身の考えである。そのため、自分自身の頭の中に浮かぶ内なる言葉と真摯に向き合って、丁寧に摑み取り、一言一言を1枚1枚に書き出していくしかない。

自分のことがある程度把握できるようになってきたら、他者が何を思うのかにまで、想像力を働かせながら、自分の中に取り込んでいけばいい。

この主従関係を明記したところで、正しく思考を進ませる具体的な7つのプロセスについての説明を終えたい。

自分の
可能性を
狭めているのは、
いつだって
自分である。

自分との会議時間を確保する

結局、時間はつくるものである。

では、いつどのようにして内なる言葉と向き合うか。

普通に考えれば、仕事や学校が終わった後や、ゆっくりお風呂に入った後のリラックスした状態がよいと思うかもしれない。もしくは、月曜日から金曜日までは何かと忙しいので、週末に時間を取って、自分と向き合ってみようと考える人もいるだろう。もちろん、このようなやり方もいいと思う。

しかし、「時間があったらやる」では、結局、時間が取れずに日々が過ぎていってしまう。そしていつの間にか「内なる言葉と向き合おう」という気持ちやモチベーションが薄れていってしまう。その結果、何の行動も起こすことなく終わってしまうことになる。

「時間があったらやる」ということは「時間がなかったらやらない」と同意である。日々を忙しく暮らしている現代人には、余ってしまった時間は生まれにくい。

自分と向き合うというと、空き時間にできてしまいそうな気がしてしまう。実はそこが落とし穴になっているのだ。

重要なのは、きちんと時間を確保して、自分と、自分の内なる言葉と向き合うことである。さらに言えば、定期的に時間を取ることで、自分と向き合い続け、習慣化することである。

私の場合、内なる言葉と向き合う時間を「自分との会議時間」と定義し、1週間に数回確保するようにしている。

他の仕事や用件と重なってしまった場合、その案件の重要性にもよるものの、「その時間は会議が入っているので、別のスケジュールになりませんか？」と、スケジュール調整を願い出ることもある。勘のいい方であればお分かりの通り、誰との会議とまでは言っていない。

もしも、自分と向き合おうと思っていた時間に、別の用件が入りそうになったことを想像してみていただきたい。きっと、「ちょっと考えなければならないことがありまして」「個人的にやりたいことがあるんです」と返答するだろう。

このような返事を聞いた相手の反応が、「そんなのいつでもできるだろう」となるのは、目に見えている。

いつでもできることは、いつまでたっても実現されない。

だからこそ「絶対に行うんだ」という強い意志とともに、自分を動かす術を知る必要がある。そうでなければ、せっかくのやる気も、その感情も忘れ去ってしまう。そして、いつまでたっても、自分が考えがちな思考性を把握することもできず、漫然と毎日が過ぎ去っていく。

このループを断ち切るのが今日であり、そのための具体的な方法が「自分との会議時間」を確保するという方法である。

頭がすっきりした午前中が、最適である。

それでは自分の手帳、もしくはスケジューラーを手元に出して、来週分のページを開いてみよう。そして、予定が空いている午前中の1〜2時間を、1週間に2回分、太めのサインペンで囲い、「自分との会議」と記入していただきたい。平日が難しい場合には、日曜の午前中と、翌週の土曜の午前中でもいいかもしれない。

この太枠で囲まれた時間が、この章で得た知識を自分のものにするための時間である。

私は今「午前中のまとまった時間」を自分との会議時間として確保することをお勧めしたが、それにも明確な理由がある。交感神経や副交感神経といった脳科学的な裏付けもあるのだが、こうした内容は専門書に任せ、ここでは私自身の経験を元に話を進めていきたい。

朝、頭がスッキリしている状態は、物事を考えたり、落ち着いて内なる言葉と向き合うには打ってつけである。夜の心身ともに疲労していたり、頭の回転が遅い時間にこうした作業を行おうと思っても、「内なる言葉をうまく引き出せない」「建前ばかりで本音が出てこない」といった状況に陥ることになることが多いのだ。

自分と向き合う行為は、他人と向き合うといった物理的な接触があるわけではない。その分、とても繊細な作業であり、最も精神状態が安定した時間に行うことが望ましい。それが、朝の時間なのだ。

さらに、自分の頭の中をしっかりと覗き込み、内なる言葉を掴み取る、そして、考えを進めていくには、所要1～2時間程度はみておいたほうがいいだろう。

内なる言葉を頭の外に出していく作業は、簡単そうに見えて難しい。特にはじめの頃は、思考そのものを内なる言葉を発している状態と認識することに慣れていないため、短い時間で行おうとすると中途半端に終わってしまう可能性もある。

日々忙しく生活している人にとって、この時間を確保することが容易ではないことは十分理解できる。しかし、時間の確保が難しいと思う人ほど、自分のやるべきことに忙殺されている状況にあるとも言えるため、気持ちを見つめ直し、内なる言葉と向き合う必要があるのではないだろうか。

仕事ややるべきことに時間を奪われていくのではなく、自分のスケジュールに仕事ややるべきことを組み込んでいく。こうした時間管理も重要である。

自分との会議を有意義にするのは、入念な準備しかない。

内なる言葉と向き合ったり、内なる言葉を用いて考えを深めていくのは、予想以上に繊細な作業であるため、頭がクリアな午前中に行うようにしている。

そして、その時間を充実したものにするため、入念な準備を怠らないようにしている。前日までに何を済ませておくかによって、翌朝をどれだけ活かせるのかが決まってしまうからである。

まず、メールや事務など、翌朝に持ち越してしまいがちな庶務は前日のうちに終わらせておく。特に夕方から夜は集中力が散漫になりがちなので、いつでもできる仕事をこなすことを心掛けている。すると、翌日の午前中にやるべきことが減るため、自分と向き合うことに全精力を傾けることができるようになる。

また、体調管理も重要であるため、夜12時を目処に就寝するようにしている。もっと遅くまで業務に追われてしまうこともあるのだが、そうならないようにするのも、大切な準備である。仕事で遅くなりそうであると分かっているならば、その日は朝早めに出社をして作業に取り組むなど、就寝時間を一定に保てるよう勤めている。

加えて、自分との会議の前日は、アルコールの摂取を避けている。せっかく時間を確保できたとしても、二日酔いで頭が動いていない状態では意味がない。経験上、ちょっとした心の疲れや、身体の不調があるだけで、自分との会議の密度が変わってしまうことを分かっているからである。

仕事や友人との付き合いでどうしても断れない会合がある場合は、自分でアルコール濃度を調整できるお酒をお願いすることで、アルコール量をコントロールする。ハイボールやチューハイなら、店員さんに「薄めでお願いします」と伝えればいい。

こうした1つひとつの細かな行いを積み上げていくことで、自分との会議を習慣化することが大事である。

アメリカの著述家であるW・A・ピーターソンは、「変化するには、古い習慣を新しい習慣に置きかえねばならない」という言葉で、習慣化こそが自分を変える唯一の方法であると説いている。

最近では、ラグビーの五郎丸歩選手のルーティン効果も相まって、「自分が決めたルールを守ることで、自身のパフォーマンスを最大化させる」といった習慣の力が見直されている。

起床時間に始まって、出社時間、昼食時間、帰宅時間から就寝時間に至るまで、できる限り守りたいと思っている時間を決める。すると、自分の生活に適切なリズムが生まれていくので、体調も管理しやすく、「この時間には何をしたほうが自分に向いているか」も把握できるようになってくる。

自分と向き合うことを習慣化する。そのための時間を確保することも習慣にする。このように自分のルールを確立させることが、思考を鍛えるプロセスの効果を最大化させることにつながる。

「いつか」は
いつまでも
やってこない。
やる気を
行動に変える。

3 プロが行う「言葉にするプロセス」

本気でものを言うつもりなら、
言葉を飾る必要があろうか。

ヨハン・ヴォルフガング・フォン・ゲーテ
1749〜1832
小説家、政治家

思いをさらけ出す2つの戦略

素材がよければ、味付けは必要最小限でいい。

内なる言葉は、外に向かう言葉のタネである。

そのため、内なる言葉を無視して、外に向かう言葉だけを磨いたところで、話したり、書いたり、入力したりする言葉の内容が変わるわけではない。

大切なのは、内なる言葉の存在をはっきりと認識し、内なる言葉の語彙力と解像度を上げることである。その上で、外に向かう言葉を鍛える方法を知ることにこそ意味がある。

話すべき内容である自分の思いがあるからこそ、言葉は人の心に響いたり、人の気持ちを動かすことができるようになる。どう言うか、どう書くかではなく、自分の気持ちを把握した上で、自分の意見をどう伝えるか、どう書きるか、でなければならない。

内なる言葉が磨かれ、語彙力も解像度も高まった段階にあれば、自分の気持ちをすんなりと外に向かう言葉へと変換できるようになる。そのため、スキルやテクニックが不要になっていることもあるだろう。

実際、多くの胸に響くスピーチや言葉は、影にスピーチライターがいることもあるが、言葉を専門にしている人から発せられるものでも、伝え方の教育を受けている人から発せられるわけでもない。その代わり、十分に自分の気持ちと向き合い、「どうにかして、この気持ちを伝えたい」という動機付けがされている状態にあると言える。

この伝えたいという動機が、内なる言葉を余すことなく伝えきるエンジンになり、強く、深みを持った外に向かう言葉を生み出している。

こうした状況は、料理にたとえると分かりやすい。

超一流と言われる料理人は、例外なく、次のような言葉を発している。

「素材のよさを活かすために、料理人は存在している。そのため、素材がよければ、味付けは必要最小限でいい。むしろ、よい素材を見極める目利きの力こそが、料理人の神髄である。」

その一方で、料理人がこんな発言をしていたら、あなたはどう思うだろうか。

「私は料理人としての最高のスキルとテクニックを持っている。そのため、どんなに素材が悪かろうが、顧客が満足して帰る料理を提供することができる。プロの料理人としては、当然のことだ。」

この言葉を聞いて、いい気分になる人は少ないだろう。「どんなものを食べさせられているか分かったもんじゃない」と思ってしまうのではないだろうか。

この素材と料理の関係は「内なる言葉」と「外に向かう言葉」の関係に近い。料理で言う素材は「内なる言葉」であり、完成した料理が「外に向かう言葉」。そして、調理がこの章でテーマにしている「言葉にするプロセス」に当たる。

誰もが食べたいと思っているのは、よい素材を使ってつくられたおいしい料理であり、どんなものでもいいから、おいしい料理ではない。

よい素材が揃っていなければ、いい料理が生まれることがないように、思いや気持ちがなければ、いい言葉は生まれない。

その一方で、どんなに美しく、耳ざわりのいい言葉が並んでいようとも、心から思っていないことであったり、相手を騙してやろうという邪な気持ちから発せられたものであるならば、意味がないだけでなく、有害ですらある。

そのために、自分自身の気持ちや思いという素材を磨いていく第2章こそが重要であると考える。そして、内なる言葉を磨いた上で、言葉にする方法について説明するのが、この3章の役割である。

思いをどれだけさらけ出せるか。

人の心に響いたり、やる気を引き出すような言葉を生み出すために、多くの人が大きく誤解していることがある。

それは、聞き心地がよく、文字の並びも美しい「美文」がよいとするものだ。

もちろん、美しい言葉や美しい文章に意味がないとは思わない。しかしながら、美文が珍重されるのは、文学や小説といった分野であり、実社会においてはこうした美しい文章や言葉が、必ずしも人の心を動かすわけではない。

そのため、私は、言葉を「国語」としてではなく、「社会学」や「現代社会」の分野に属するものとして捉えている。国語として知らないといけないことも多分にあるのだが、自分と他者の関係や、自分と家庭や会社といったコミュニティとの関係があるからこそ、言葉が重要になるからである。

では、美文が人の心を動かすことがないというならば、どんな言葉が、人の心を動かし得るのだろうか。

私が考える唯一の方法は、思いをさらけ出すことに集約される。

当然のことながら、思いをさらけ出すためには、さらけ出したいと思える思いがないと意味がない。さらに、思いの全体像を把握していなければ、何をさらけ出したらいいかも分からない。

そのために、思いを内なる言葉として捉えることで扱いやすい形に置き換え、内なる言葉を掘り下げたり、拡張させることで、解像度を上げることが重要となる。

すると、思いはどんどんと成長し、自分という枠に収まらないほど大きくなっていく。自分のやりたいことや、なりたいもの、なすべきことが明確になるだけなく、常に考えや思考を整理できている状態になるので、何の準備をしていなくても途切れることなく話をしたり、書いたりすることができるようにもなる。今流行りの雑談力や会話力も自然と身についてくる。

あとは、思いの全てを出しきれるかどうか。話しきれるか、書ききれるかが勝負になってくる。

この章では、内なる言葉として捉えた思いを出しきるための具体的な方法と心構えについて説明を続けていきたい。

思いをさらけ出すには、2つの戦略がある。

では実際に、思いを言葉にする手法を「2つの戦略」として、内なる言葉に適切な形を与える方法を提唱したい。

その2つの戦略とは、言葉の型を知ること、言葉を生み出す心構えを持つことである。この両輪を同時に回してこそ、言葉は相手の胸にまっすぐと進んでいく。その意味で言えば、2つの車輪と捉えると理解しやすいかもしれない。


1つ目は、言葉の型を知ることである。

思いが膨らめば膨らむほど、外に向かう言葉は磨かれていくのだが、その一方で、思いが溢れすぎて言葉にできないという状況に陥ってしまうこともある。

そのために、型を知ることで「あぁ、そういうふうに言えばいいのか」「確かに、こう言えばもっと伝わる気がする」という気付きが生まれることが期待できる。これらの型のベースになっているのは、中学までに習った国語の教科書である。

「なぜ教科書で習った内容をここで?」

このような内なる言葉が生まれた方もいるかもしれないが、小・中学生時代に文法として型を習った際には、文法としての知識のみを知ることになるので、どう使えばいいかも、何のために使うのかも、明確ではない。そのため、勉強や学問の範疇を越えることはなく、実際に活かそうと思うこともない。

しかし、今は違う。伝えたい思いがあるからである。

そして、2つ目は、思いをさらけ出すための心構えである。この項目は、「言葉のプロが実践する、もう1歩先」と銘打ち、私が言葉を生み出す際に気を付けていることについて書いていきたい。

言葉は誰にも平等に与えられているものであるため、私が言葉と10年間向き合って気付いたことは、多くの人にとってヒントになると思う。

では早速、それぞれの説明に移っていこう。

気持ちを整理し、
さらけ出す。
その熱量に
心は動かされる。

戦略1

日本語の「型」を知る

使える型は全て中学までに習っている

型を破るにも、型はいる。

「思いがあれば、言葉は強くなる」

この理屈は分かるが、具体的にどうすればいいか、分からない。思いが溢れすぎて、言葉にするのが難しい。

そのための2つの戦略の1つ目は、言葉の型を知ることである。

ここで書いていく型のほとんどは、中学までの教科書に載っている方法論を、具体的な例を挙げながら、より分かりやすく嚙み砕いている内容である。

第1章で内なる言葉の存在を認識し、第2章で思いを育てる方法を学んでいる。この段階で型を知ることは、内なる言葉に適切な形を与える準備ができているため、型を活かすことが前提になっている。

もちろん、第2章を終えた時点で自分なりに言葉を書いてみるのもいいと思う。本文を通じて書いているように、溢れてくる思いがあれば、自ずと言葉は強くなっていく。だからこそ、自分の力で自分の言葉を生んでいくことにも大きな意味がある。

しかしながら、その方法はあくまでも我流であるため、効率がよくないことも事実である。千年以上もの歴史を持つ日本語は、数多くの叡智によって型の研究が進められており、その恩恵を受けない手はない。

型を知ることは、自分の言葉を磨く道のりを最短距離にすることを可能にする。そして、型を知ることで、型を破ることができるようにもなる。型を持っていなければ、いつまでも型を破ることはできないのだ。型を知り、型を破った時にはじめて、本当の意味での自分の言葉が生まれるとも言えよう。

法相宗の僧であった高田好胤は、「訓練のない個性は、野生に過ぎない」という言葉を残している。言葉は誰でも使えるからこそ、野生なままでいる人が多いとも言える。そこで、型を知れば、言葉が自分の個性を表現する武器になるのだ。

日本語には多くの表現技法がある。

人は世界中にある知恵の一部しか知ることができない。

世の中には数えきれないほどの知恵が存在しており、その知恵を知っているか知らないかによって、得することもあれば、損することもある。能力のあるなしにかかわらず、知っているかどうかが「差」になることがあるのだ。

日本語の表現技法においても、数多くの知恵が存在している。しかしながら、多少の不便を感じているものの、言葉が全く伝わらないことはないため、日本人のほぼ全員が独学で身につけたコミュニケーションを行っている。

私自身も、スキルやテクニックに頼ることはいいことだとは思っていない。しかし、最低限の知恵を知っておくことは、意思伝達の速度と正確性を保つために必要であると感じている。

こうしたほぼ全ての人が知るべき内容と認められた内容だけが集約されているのが、義務教育である小学校と中学校で用いられている教科書である。教科書に載っている内容は、国民全員が通過すべきと認められた内容だけが凝縮されているため、まさに、必要十分な知恵の結集であると言っても過言ではない。

私が普段言葉を生み出す時に意識している型も、教科書に明記されているものがほとんどである。そして、皆さんの心を突き動かしてきた言葉や、胸に響いた言葉も、教科書に記載された型をベースに組み立てられているのだ。それだけ教科書に記載されている内容は洗練されており、必要最小限の要素を包括している。日本語の表現に関する研究の基礎は完成されているのだ。

しかし、教科書で伝えようとしているのはあくまで国語としての言葉であり、実用に向けられているわけではない。出てくる例も文学作品や小説の一節であり、型の構造は理解できたとしても、日常生活で応用することを目的には書かれていない。そのため、いつの間にか単なる知識の1つになり、学んだことすら忘れ去られてしまう。

そこで重要なことは、教科書に載っている表現手法を、より実践的な形に変換して、誰もが日常生活で用いることができるような「使える型」にしておくことではないだろうか。

例えば、教科書に「対句」という表現手法が記載されている。

この対句を辞書で調べると、このように記されている。

対句‥

語格・表現形式が同一または類似している2つの句を相対して並べ、対照・強調の効果を与える表現。詩歌・漢詩文などに用いられる。「月に叢雲《むらくも》、花に風」など。

前半の説明はとても分かりやすいのだが、問題は2行目の例文である。詩歌・漢詩文などに用いられる、と書かれた瞬間に、自分の日常生活とは全く関係のないものに感じてしまう。やはり重要なのは、自分の日常生活と関係するような例とともに説明することで、自分の気持ちを適切に表現するための知恵に変えることである。

対句で言えば「2つの句を相対して並べ、対照・強調の効果を与える表現」とあるので、「ギャップ法」や「サプライズ法」といった新しい名前を付けて、親しみやすくしたほうが有意義であろう。

1つの目の戦略では、基本的な型を「使える型」へと変換していきたい。

思いがあるからこそ、型が活きてくる。

ここから具体的に5つの型を、使える型に変換しながら説明を続けていくのだが、一度通読して理解できたとしても、伝えたい思いが生まれた度に繰り返し読んでいただきたいと思っている。

なぜなら、セレンディピティとも同じことが言えるのだが、ある特定のことを考えている時にこそ「あ、この型は使えるかもしれない」「この型だともっと伝わる言葉になる気がする」といった計画的偶発が生まれるからである。その繰り返しを意識的に行うことで、少しずつ知識が自分の血となり肉となり、自由自在に使える知恵になっていく。

その一方で、型を完全に理解したとしても、自分が伝えたい思いがなければ、何の役にも立たず忘れていってしまう。そのため、就職活動や転職活動といった転機が訪れたり、自分が言いたいことが頭の中でもやもやしてしまい言葉にならないときに、何度でも振り返っていただきたい。

表現の型は、思いを形にするために存在する。思いがあるからこそ、型の力が最大化されるのだ。

①たとえる〈比喩・擬人〉

分かりやすい言葉で、イメージを共有する。

「自分の言いたいことはこれだ」とひらめいたように感じられても、内なる言葉は大抵の場合、一貫しているように見えて断片的であるため、それらをつなぎ合わせることができなくなり、言葉に詰まってしまう。

こうした状況を回避するために、まずは内なる言葉をとにかく書き出すことで形を与え、扱いやすいものにする。そして、第2章に示した思考サイクルを用いて、内なる言葉を豊かにしていく。

そして、次の段階として外に向かう言葉に変換しようとすると、伝えたいことが多すぎて「自分が言いたいことを言う」「自分が書きたいことを書く」といった行動を取ってしまいやすい。

そこで、「たとえる」という型が有効になる。学校で習った表現技法としては「比喩」や「擬人」に相当するものであり、別の事象に置き換えたり、物事を人間の行動にたとえることで、理解を促す方法である。こうすることで、自分が言いたいことが、自分だけのイメージではなく、他者にも共有できるイメージになりやすい。

過去の偉人たちも、自分の意見を他者と共有するために、この手法を用いている。

今一度日本を洗濯致し候。
坂本竜馬

元来、女性は太陽であった。
平塚らいてう

リーダーとは、希望を配る人のことだ。
ナポレオン・ボナパルト

坂本龍馬が意図することは「今一度、日本を新しくしたい」ということなのだが、誰もが行う「洗濯」という言葉を用いることで、「なるほど、きれいさっぱり洗いたいのか」と理解を進めることに成功している。

女性の権利回復に奔走した平塚らいてうは「女性に権利を」と訴えるところを、元気と笑顔の源である「太陽」にたとえることで、自らの意図に賛同を得やすいように表現した。

ヨーロッパの大半を制したナポレオン・ボナパルトは、士気の落ちた兵士たちを鼓舞するための方法を考えていた。そこで、1人の将軍は「報奨金を出そう」と提言するのだが、ナポレオンは「勇気はお金では買えない」と言いきり、リーダーの資質について「希望を配る人」とたとえた。

たとえるという表現は古くから使われている型であり、日常生活でもよく登場するため、馴染み深い型であると言えよう。そこで気をつけたいのは、比喩や擬人は相手と同じイメージを共有するための表現技法であり、何かにたとえれば、コミュニケーションのスピードが上がるわけではないという点である。

得意分野の話にたとえることで、自分の言葉が生まれる。

自分の言いたいことをいかにたとえるかに話を移す前に、もう少し身近な例を出しながら説明を続けていきたい。「そう言われれば、この言葉にもたとえが使われていたのか」と納得できたほうが、理解が進むからである。

イメージを共有するという点では、相手が知っている領域の話に合わせる方法もあれば、自分自身の得意分野の話に置き換えることも有効である。そうすることで、自分ならではの表現、自分の言葉を生み出すことができるようになるのだ。

私たちがテレビやメディアを通じて知っている有名人も、自分が属している領域の言葉を使ってたとえながら、心に響く言葉を語っている。

私もあなたの作品の一つです。
みんな子どものときは妖怪です。
あきらめたらそこで試合終了ですよ。

森田一義
水木しげる
安西先生

タモリさんでお馴染みの森田一義氏が青年時代からお世話になった漫画家、赤塚不二夫氏の葬儀で述べた言葉は有名であろう。「私はあなたに育てられました」というところを「作品」という比喩を用いることで、赤塚氏に対する感謝と愛情が感じられるようになっている。

ゲゲゲの鬼太郎の作者である水木しげる氏は、生前、子育ての楽しさと大変さについて述べた時、子どもを「妖怪」にたとえた。この妖怪という表現は「予測不能で分からないもの」のたとえなのだが、妖怪漫画を描き続けた水木氏の口から発言されることで、ユーモアを感じることができる構造になっている。もしもこれが水木氏の発言でなかったら、この比喩は成立しないだろう。

また、井上雄彦氏が描く大ヒット漫画「スラムダンク」の中で出てくる、バスケットボール部顧問安西光義先生の言葉も、バスケットボール部の顧問を勤める彼だからこそ発することができる、胸に響く表現となっている。

その他にも、その職業ならではのたとえは強力なものになるので、いくつか例を示しておきたい。


旅は私の学校だ。自分の目で見、自分の頭で考える。

マルコ・ポーロ

前進できぬ駒はない。

中原誠（将棋棋士）

なみだは人間の作るいちばん小さな海です。

寺山修司（小説家）

これらの言葉は、やはり、その人が発言するからこそ力を持つ。

世界中を旅したマルコ・ポーロだからこそ、旅を学校とたとえることができるし、将棋としての実力があるからこそ、人の歩みを駒に見立てる。人の心を動かす小説家だからこそ、なみだを海にたとえることができる。

たとえることの難しさとともに、自分ならではの比喩を見つける道しるべとして、参考にしていただきたい。

自分の周りにある言葉を収集する。

では、自分の思いをたとえるにはどのようにすればいいだろうか。

そこで真っ先にすべきことは、自分の周りにある言葉、特に単語に注目して収集することである。

大学生の場合：
大学、講義、教授、キャンパス、休講、サークル、学食、教科書、参考書、単位、留年、研究室、バイト、学生、遅刻、1人暮らし、下宿、論文、就職、必修、一般教養、理系、文系、第2外国語、飲み、コール、レポート、徹夜　など

社会人の場合：
仕事、業務、上司、部下、同僚、同期、競合他社、同業種、出社、帰社、直行直帰、スーツ、有給休暇、休日出勤、満員電車、ワークライフバランス、プレゼンテーション、オリエンテーション、昇進、懲戒、契約書　など

家庭の場合：
家族、マイホーム、賃貸、キッチン、お風呂、妻、夫、子ども、両親、ペット、ベランダ、婚約、結婚、離婚、土日、買い物、旅行、趣味、引っ越し、リフォーム、家具、電化製品、テレビ、確定申告、散髪、手料理　など

本来であれば、その人なりのより具体的な言葉があるはずであろう。私の場合であれば、広告会社にいるので社会人に出てきた言葉に加えて、「15秒、30秒、新聞広告、タレント、キャンペーン」といった単語が候補に挙がる。

もしも、挨拶をする際に「この1年は、あっという間でした。」と言おうとした場合、以下のようにたとえることができる。

原文：
この1年は、あっという間でした。
↓
比喩：
この1年は、まるで15秒のようでした。

15秒という言葉は、私のいる広告会社の人にとって「どんなに短いものか」という共通認識があるので、伝達速度を高めることができる。さらに、相手からは「広告会社に勤めている彼らしい発言だな」という印象を持ってもらうことができるようにもなる。

このように、たとえる時は、自分の周りにある言葉を用いること、もしくは、相手が属しているコミュニティで用いている単語を活用することが効果的である。そのため、あらゆることを無意識のままで受け流すのではなく、どんな業界ではどんな言葉が多用されているかを注意して見てみるといいだろう。

そうすることで、自分が言いたいことを、正確に、かつ、ウイットを持って言葉にできるようになる。

自分の言葉の
タネは、
自分の身近に
転がっている。

②繰り返す〈反復〉

大事なことだから、繰り返す。

次に紹介するのは、「繰り返す」という手法である。教科書や参考書では「反復」という名前で出てくるものだが、その表現例と、応用方法を説明していきたい。

繰り返しには大きく2つの方法がある。

同じ言葉を単純に繰り返して人々の印象に残すこと。そして、同じ言い回しや単語を効果的に繰り返すことでリズムをつくり、理解を促す方法である。

1つ目の単純な繰り返しについては、「大事なことだから繰り返し言う」という理由が第一である。この例として最も有名なものは、黒人解放運動に奔走したマーティン・ルーサー・キング・ジュニア牧師によるスピーチであろう。

I have a dream.

マーティン・ルーサー・キング・ジュニア

このスピーチは、合計8回のI have a dream.の後に、それぞれ、自分が実現したい世界に広がる風景について話を続けている。

文章の意味だけを考えれば、I have a dream.を繰り返す必要があるとは言いきれない。しかしながら、伝えるべき内容そのものは変わらないとしても、彼が夢描く光景が1つひとつ思い起こされ、じんわりと人の心の中に入り込んで来る効果がある。

もしも、I have a dream.を繰り返すことなくスピーチを行っていたら、内容や意味の素晴らしさは変わりないとしても、演説が行われた1963年から約50年の歳月を経た現在まで、語り継がれるものになっていない可能性も否定できない。それだけ、繰り返しの効果は大きいと言える。

さらに、この有名なスピーチ部分は、あらかじめ用意していた演説の締めくくりの部分を読むことなく、即興で語りだしたことも興味深い。

もちろん、話す内容を事前に考えていた可能性もあるのだが、I have a dream.という言葉を自分のリズムとして、1つずつ内なる言葉を丁寧に口にしていったようにも感じられる。
言葉の繰り返しの例をもう1つご紹介したい。

> もう一歩。いかなる時も自分は思う。もう一歩。今が一番大事なときだ。もう一歩。
> 武者小路実篤

これは日本を代表する作家である武者小路実篤が、歩みを進めることの重要性について説いた文章である。この例でも、やはり「もう一歩」を繰り返すことで、小さいながらも日々の一歩こそが重要であるという意図が、少ない言葉にもかかわらず伝わってくるのではないだろうか。

文章にリズムが生まれ、心に響きやすくなる。

続いて、同じ単語や言い回しを繰り返すことで、文章にリズムをつくったり、意味を深める方法について説明を続けよう。
最も分かりやすい例は、宮沢賢治の雨ニモマケズであろう。

雨ニモマケズ。風ニモマケズ。

宮沢賢治

この詩は、冒頭の先にある物語こそ胸に響くのだが、やはり印象的なはじまりがなければ、語り継がれる作品になっていなかったかもしれない。

普通に考えれば「雨にも、風にも、負けず」としたほうが、語数も少なくなり、端的な表現であるように感じられる。しかし、「ニモマケズ」という同じ型を繰り返すことで、胸の中から発せられる気持ちや溢れ出す思いを、力強く表現することにつながっている。また、特定の単語を繰り返すことで、文章を強くすることも可能である。こうした形も日本語、外国語問わず、長年用いられている手法である。

絶対は絶対にない。

織田信長

世界で一番美しい色は、自分に似合う色よ。

ココ・シャネル

未来を考えない者に、未来はない。

ヘンリーフォード

誰かがやるはずだった。自分がその誰かになりたかった。

カール・ルイス

一人では何も出来ぬ。然し、先ず一人が始めなければならぬ。

岸田國士

何百万枚も売れるロックなんて、あんましロックじゃない。

忌野清志郎

ここでは「絶対」「色」「未来」「誰か」「一人」「ロック」という軸になる単語を決め、その言葉を繰り返すことで、リズムをつくりながら、印象的な文章を生み出している。

それぞれ最もシンプルな文章を想定してみると「絶対はない」「似合う色が一番美しい」「未来を考える人になろう」「自分が成し遂げたかった」「まず、自分からはじめよう」「ロックに生きようぜ」というものであり、単語を反復させなくても、その意味は変わらない。

しかし、言葉を重ねて用いることで、力強さが加わり、伝わる速度や理解の深さはまるで違うものになっている。

例えば、「自分に勝つ」ということを反復の手法を用いて表現してみると以下のようになる。

原文：
自分に勝つ。
↓
型の反復：
自分に勝つ。何としても勝つ。
単語の反復：

自分に勝てる、自分になりたい。
自分に勝てる自分。それが目標です。

このほかにも多くのバリエーションが考えられるのだが、何の変哲もない「自分に勝つ」以上の力を持った言葉になっているのではないだろうか。

また、文末の言葉を同じ母音で揃えることで韻を踏むという方法も、文章にリズムが生まれる手法として知っておくと便利である。

努力だ。勉強だ。それが天才だ。
野口英世

短い文章と共に「だ」を繰り返すことで、文章にリズム感を生むことに成功している好例といえる。

最も伝えたいことを短い言葉に落とし込む。

繰り返しを用いるためには、繰り返す言葉を決めなければならない。そして、その繰り返される言葉は、自分が最も伝えたいことでなければ意味がない。その点では、伝えたいことを単語、もしくは、短い文章に落とし込む必要がある。そこに出てくる言葉を繰り返すことによって、より伝わる言葉を生み出すのだ。
例えば、どうしても告白したい人がいて「好きです」という気持ちを伝えることを想定すれば、以下のような表現方法が考えられる。

原文：
好きです。
　　↓
型の反復：
好きです。誰よりも、好きです。
単語の反復：
好きなことをしている時の、あなたが好きです。
告白したいことがあることを、告白します。

型の反復は「好きです」という型そのものを繰り返すことになるので、その間に「誰よりも」を挿入することで、後半の「好きです」を強調している。また、単語の反復では「好き」だけではなく、好きから派生した「告白」を繰り返すものも示した。

先に挙げた「自分に勝つ」でも同じことが言えるのだが、繰り返しの型を用いる時は、できるだけ短い言葉にしたほうが、同じ言葉が繰り返されることによる効果を得やすいと言える。言葉が長くなるほど、意図的に繰り返していることが薄まってしまい、単なる重複と思われてしまう可能性もあるからだ。

そのため、長文を話したり、書く際には、冒頭や文末といった大事なポイントで反復を用いることが効果的である。そうすることで、一気に興味を惹いたり、関心を集めることができるようになる。

第2章で自分が伝えたい内容が明確になった時、その思いの全てを込めた単語や短い言葉は何になるだろうか。その言葉は奇をてらったものである必要はない。ただ、本心から訴えたいことを象徴する言葉でなければならない。

その言葉さえ見つかれば、反復の型を用いた表現は自ずと生まれるものである。

③ギャップをつくる〈対句〉

強い言葉はギャップから生まれる。


同じ文章の型や単語を並べるのが反復であるならば、その逆もある。

それが「対句」であり、ギャップを生み出すことで、言葉を強化する表現技法である。

具体的には、2つの異なる意味の文章や言葉を並べることによって対比をつくり、言葉としての強さを演出することが可能になる。

非常に短く、聞きなじみのある例は、次の慣用句ではないだろうか。

> 負けるが勝ち。

ここでは、「負ける」というものと真逆の意味を持つ「勝ち」を並べることで、驚きとともに、新しい意味を生み出すことに成功している。

正確な意味は「場合によっては、争わないで相手に勝ちを譲ったほうが自分にとって有利な結果になり、自分の勝ちにつながる」というものである。この意味を「負けるが勝ち」という対句を用いることで、同じニュアンスの内容を約15％の語数で表現している。

正しく意味を伝えたいならば、「場合によっては、争わないで相手に勝ちを譲ったほうが自分にとって有利な結果になり、自分の勝ちにつながる」と言ったほうがよいかもしれない。しかし、伝達速度を高めたいならば「負けるが勝ち」と端的に言い表すべきであろう。

対句はこの他にも数えきれない数の名言を生み出しており、「名言製造表現」と言っても過言ではない。真逆の意味の文章をつなげることで、感情の振れ幅を最大化させることができるからである。

> ひとりの人間にとっては小さな一歩だが、
> 人類にとっては偉大な一歩だ。
>
> ニール・アームストロング

この言葉は、アメリカ人宇宙飛行士であるアームストロング船長が月面に降り立った瞬間に発した言葉である。「ひとりの人間」と「人類」、「小さな一歩」と「偉大な一歩」を対比することによって、壮大さを表現することに成功している。

このように対比を用いて文章にギャップをつくる際には、マイナスとプラス、ネガティブとポジティブを並べることが多い。あえてネガティブな内容を前半に持ちだすことによって、後半にあるポジティブな内容を際立たせているのだ。

後半の前向きな文章だけを伝えたとしても、意味は十分通じる。月面着陸に成功した時「人類にとって偉大な一歩だ」と言っても、意図を十分に伝えることはできる。

しかし、前半に踏切台のように「凹み」をつけることによって、後半の本当に伝えたいことが一気に光り輝くようになるのだ。

常識や現状を否定して、未来を明確に描く。

対句はネガティブとポジティブを並べると説明したが、その両者の関係によって、言葉の深みが変わってくる。なかでも効果を発揮するのが、常識や現状をネガティブなものとして捉え、未来を鮮明なポジティブとして描く方法である。

実際、現状に対して「このままじゃダメだ」「自分は変わらないといけない」と漠然とした不満を持っている人は多い。そんな人たちの心を揺さぶる言葉は、世の中であたり前とされている常識を否定し、未来を描く対句から生まれる。

例を挙げればきりがないのだが、私が自分の気分を高めるために用いている9つのフレーズを紹介したい。

〈努力・行動〉
努力する人は希望を語り、怠ける人は不満を語る。
井上靖

人間は負けたら終わりなのではない。辞めたら終わりなのだ。
リチャード・ニクソン

生きるとは呼吸することではない。行動することだ。
ルソー

〈価値観・才能〉
大きな目標があるのに、小さなことにこだわるのは愚かです。
ヘレン・ケラー

恐れは逃げると倍になるが、立ち向かえば半分になる
W・チャーチル

天分は持って生まれるもの。才能は引き出すもの。
ココ・シャネル

〈生活・仲間〉
楽しいから笑うのではない。笑うから楽しいのだ。
ウィリアム・ジェームズ

多数の友を持つ者は、一人の友も持たない。

アリストテレス

人生は近くで見ると悲劇だが、遠くから見れば喜劇である。

チャールズ・チャップリン

ここで挙げたフレーズは、時代や国を越えて、多くの人々の心に響き、動きたくなる空気をつくり続けている。そして注目したいのは、それぞれ用いている言葉や伝えようとしている内容は違えども、すべて対句によって成立していることである。

人の心を掴んで放さないのは、現在や過去を否定し、未来を肯定する物言いである。

自分の言いたいことの逆を前半に組み合わせる。

対句のポイントは、自分の言いたいことの逆を前半に入れることで、後半の本当に伝えたい内容を際立たせることにある。そのネガティブが踏切台になり、大きくジャンプすることになるのだ。

例えば、就職や転職を想定すれば、自己アピールと合わせて志望理由を伝える必要がある。その時に「どうしても、御社で働きたい」と念押しすることを例にしてみよう。

「どうしても、御社で働きたい」と言ったところで、ライバルたちとの差は生まれない。

そこで、対句を用いるのである。

原文：
どうしても、御社で働きたい。
↓
型の反復：
もう御社以外では働きたくない。
その位、御社を志望しています。

このように形を変えることで、熱意は何倍にも膨れあがる。しかし、「なぜそこまでこの会社を志望しているのか」「どこに魅力を感じているのか」という根拠がないままでは、言葉が上滑りし、墓穴を掘ることはお分かりの通りである。

この型は、様々な場面で用いることができる汎用的なものである。

原文：
どうしても、あなたと付き合いたい。
↓
型の反復：

もうあなた以外とは付き合いたくない。
その位、あなたと付き合いたい。

原文：
どうしても、あなたに協力してほしい。
型の反復：
あなた以外には任せられない。
どうしても、あなたに協力してほしい。
←

これらの例で挙げたものは、あくまでも言葉に過ぎない。重要なのは、対句によって強化された言葉に見合うだけの思いである。言葉で自分を大きく見せることや、人からよい印象を得ようとすることに意味はない。あくまでも、内なる言葉に適切な形を与えるための手法として理解していただきたい。

④言いきる〈断定〉

曇りない言葉で、明確な未来を打ち出す。

続いて紹介するのは、たとえる、繰り返す、ギャップをつくるなどの表現手法ではなく「言いきる」というものである。教科書では「断定」として登場する。

断定は言いきればいいので、簡単なように思える。しかし、実生活においても言いきることの難しさは、ご存知の通りであろう。

通常の会話で考えれば、文末に何となく「と思います」や「のような気がします」といった言葉を入れることで、あえて断定を避け、内容をうやむやにしたり、言葉を濁すことがある。人は、無意識のうちに断定を避け、そうではない可能性を残しておくような言い方をしているのだ。

これは一種のリスク分散であり、「いやいや、断言はしていません」「その可能性があると言ったまでです」という逃げ場をつくっている。

だからこそ、断定できる人は強い。

皆さんの記憶にある言葉としては、以下のものが印象的ではないだろうか。


我が巨人軍は、永久に不滅です。

長嶋茂雄

これはプロ野球選手だった長嶋茂雄氏が、現役を引退する際に発した言葉である。普通ならば「我が巨人軍は、永久に不滅だと思います」となり、意思を込めるならば、「我が巨人軍が、永久に不滅であることを信じます」となるだろう。そこをあえて言いきることで信念が伝わり、多くの人の心に響いていったのだ。

実際問題、プロ野球チームは企業によって運営されているため、あらゆる球団が永遠になくならないと断言できる人はいないし、地球が滅亡してしまったら、そこに住む地球人と共に球団も消滅してしまう。

このように、永遠である可能性がゼロではないことを理解しながらも、人は断言することで示される明確な未来に心が動かされる。

もう1つ別の例を見てみよう。

我が辞書に、不可能の文字はない。

ナポレオン・ボナパルト

この言葉でも同じことが言えよう。

実際、ナポレオンにできないことがなかったのか、と言われたら、そんなことはない。史事によると、「とてもせっかちで自画像を描かせたり彫刻を掘らせる際、10分もじっとしていられなかった」との記載も見られる。事実、ナポレオンにだって、不可能は山のように存在していた。

しかしながら、「我が辞書に、不可能の文字はない」と断言することで、彼を慕う将軍や兵士の胸を鼓舞し、国民は安心して暮らすことができるようになる。

言いきることは、言いきれるまで考えた結果であり、それがリーダーとしての資質として非常に重要な要素なのだ。

断言は人々を導く「旗」になる。

世の中にある様々な言葉を見ていると、断言を用いているのは、ビジネスリーダーや軍人などの、大勢を率いる人であることが多い。

多くの人を同じ方向に導いていく際に、ベクトルとなる強い言葉が必要だったので、自分の意思を言いきる必要があった。もしくは、誰にでも分かりやすく明確に未来を描く言葉を持っていたからリーダーになれた。

どちらの可能性も考えられるものの、多くの人を率いる際には、強い言葉が有効であることを証明している。

どんな人も、言葉で考え、言葉で理解し、言葉で意見を発する。時代背景やビジネス環境がどんなに激変しようとも、人の思考と言葉の構造は変わらない。

この断言という形には明確な未来を打ち出す強さとともに、言葉を発する人の本気度が表れていることに注目したい。断言するほど、本気で信じている。断言できるほど、熟考している。このように感じられるのだ。

> 10年以内に、人類を月へ送り込む。　ジョン・F・ケネディ
> ポケットに入るラジオを作る。　井深大、盛田昭夫
> 一本のよい木には、何万もの鳥が休むことができる。　ビル・ゲイツ

ここで挙げた3つの言葉は、不可能とも思われる未来の姿を、断言しているものである。

きっと、この言葉が発せられた周囲にいた人は「本当かよ」「そんなことできっこない」と感じた人も少なからず存在していたに違いない。

しかし、その一方で、「そこまで言うならやってやるか」「どうすれば実現できるか考えよう」と、心を動かされ、自ら進んで無理難題に挑んでいった者もいるはずだ。明確な未来を打ち出すことによって、周囲を巻き込み、考えるきっかけや行動に移すきっかけを与えたとも言える。

こうした言葉が多くの人の士気を高めることに寄与した一番の理由は、発言をした張本人の本気度に共感したからだけでなく、無理難題が実現された後の未来の社会や生活に、胸が躍ったからであろう。もしも、彼らが「どんな手を使っても売上を伸ばす」「何でもいいから売れる新製品を開発する」といった、自己中心的な思いから無理難題を押し付けていただけだとしたら、彼らのために一肌脱ごうと思った人はいなかっただろう。

その意味では、言葉そのものが素晴らしかったわけではなく、発言した人が夢見ているビジョンへの共感があったと考えるのが正しいだろう。こうしたビジョンをまとった言葉は、チームと同じ未来を共有し、同じ方向へと力強く導いていくベクトルとして機能する。

広く知られているように、1962年に発せられたケネディの言葉はアポロ計画と名付けられ、7年後の1969年に人類初の月面着陸を実現することになる。また、ソニーは超小型ラジオを完成させ、トランジスタラジオで世界を席巻することになる。ビル・ゲイツはウィンドウズOSや、ビジネスでは欠くことのできないソフトウェアであるオフィスを開発し続け、何万もの人の生活を支えている。

この功績の全てが、一言の発言から生まれたと言えば大げさかもしれないが、明確な未来が打ち出されることによって、その実現を逆算するように「自分たちが何から行えばよいのか」「どの位の予算と人員が必要になるのか」といった具体的な行動に落とし込めるようになったことは間違いない。

こうしたチームの進むべき目的地と方向性を明確に指し示し、モチベーションを高揚させられる言葉は、まさに、リーダーが掲げるべき「旗」となる。

リーダーシップとは、人を先導する統率力である。仮にチームを率いる立場ならば、全員の意思を統一させて、同じ方向に向かわせる必要がある。このリーダーシップが発揮されることで、はじめてリーダーを全力で支えたいというフォロワーシップが生まれるのである。

リーダーシップの示し方は人によって様々である。

人によっては、自身の行動によって模範を見せることで、背中で語る人もいるだろう。あるいは、圧倒的な企画力・アイデア力でチームをあっと言わせるリーダーや、秀でた経営手腕を持ったカリスマもいるだろう。

しかし、1つ言えることがある。

それは、リーダーシップは常に言葉で発揮されることである。

「旗」となる言葉が、明確な目的地と方向性を示す。

実力がある人がリーダーになっていくのではなく、周囲を巻き込み、チームで困難に立ち向かっていくリーダーシップのある人がリーダーになっていく。自分の思いを適切な言葉に変え、正しく発信しなければ、思いが共有されることはないのだ。

「と思います」が、意志を弱める。

何かを断言することは難しい。断言することによって、様々なリスクを自分で抱えてしまう可能性が出てくるからである。

特に、ビジネスの場で断言してしまうと、できなかった時や、物事がうまく進まなくなった時に「できるって言っただろう！」と矢面に立たされることになる。しかしながら、誰かが強い思いを持っていないと、自分の身の周りも、社会も、一向によくなることは期待できない。

そのため、断言できるだけあらゆる可能性の幅を検討し、深く考え抜くことがより一層重要になってくるだろう。その意味でも、第3章だけでは不十分で、第2章の正しく考えるプロセスが必要なのだ。

例えば「私は世界をあっと言わせる仕事をしたい」と伝えたいのであれば、どのように言えばいいのだろうか。

普通であれば「私は世界をあっと言わせる仕事をしたいと思います」と無意識の内に「と思います」を付けてしまう。このようにすることで文章は丸くなり、誰からも否定される余地を排除することができる。その一方で、言葉の持つ迫力が失われ、本気度は大きく目減りしてしまう。

逆に、「私は世界をあっと言わせる仕事をする」と語尾を変えると、それだけで意志を持った印象に変化する。

そこで、私がお勧めしたいのは、文章を書いた上で「と思う」「と考える」といった言葉を一度排除してみることである。

その時に「これはちょっと言い過ぎだな」と感じてしまうのであれば、自分の本気度が足りていない証拠になる。逆に「しっくりきたな」と感じれば、断言できるだけ決意や熱意がある状態と言える。

ここで参考になる例を2つ示しておこう。

> 明日描く絵が一番素晴らしい。
>
> パブロ・ピカソ
>
> 世界平和のためにできることですか? まず家に帰って家族を愛しなさい。
>
> マザー・テレサ

ピカソはこの言葉の通り、晩年まで作品へエネルギーを注ぎ込み、数々の名作を描き上げてきた。世界的な平和活動家であるマザー・テレサは、活動に身を投じるのではなく、家族を愛することこそが平和の第一歩だと断言する。

文末を変えるだけ、という非常に簡単な方法ではあるものの、自分の気持ちを見つめ直すのに有効な方法なので、ぜひ試してみていただきたい。

考え抜かれた
言葉は、
人々を導く
旗になる。

⑤感じる言葉を使う〈呼びかけ〉〈誇張・擬態〉

「感じる言葉」が聞く耳を持たせる。

戦略1の最後に紹介したいのは、言葉の選び方についてである。

コピーライターの仕事をしていると、「どのように強い言葉を選んでいるのですか?」「コツはあるのですか?」といった言葉選びについて聞かれることがある。先に申し上げておくと、私自身、言葉や単語の選び方で文章の力強さや、心への響き方が大きく変化するとは思っていない。

それよりも、自分の内なる言葉の語彙力と解像度を高めることで、思いを正確に表現できることのほうが重要であると考える。そのなかで、自分が伝えたいことを形にするために、より適した言葉や単語を選んでいるに過ぎないのだ。

その点からすると⑤の感じる言葉を使うという項目は、ややテクニックに寄ったものであると認識していただいたほうがいいかもしれない。

ここでテーマにしたいのは、感じる言葉の選び方である。

それでは一体、「感じる」というのは、どういうことなのだろうか?

本項目では、この「感じる」ということを「聞く耳を持ってもらう」と解釈することで、具体的な2つの方法に分けて考えていきたいと思う。

1つ目は、相手に呼びかけることで、自分に向けて言ってくれていると強く認識させ、聞く耳を持ってもらう方法である。

> 少年よ、大志を抱け。
>
> ウィリアム・スミス・クラーク

この言葉は、北海道開拓の父とも言われるクラーク博士が残した名言であり、未来を指さす銅像と共にセットで記憶されているであろう。

ここでは「少年よ」と呼びかけることによって「自分に向けられている」と思わせ、聴衆に当事者意識を持たせる言葉になっている。もしも、博士が「大志を抱け」とだけ語ったならば、単純な命令形の言葉にしか過ぎず、心を動かす力は目減りしてしまう。

また、この言葉の強いところは、呼びかけの言葉を「君よ」や「聴衆よ」「皆よ」「諸君」といったものではなく「少年よ」としたところにあると思う。

本発言は、北海道大学の前身である札幌農学校に勤めたクラーク博士が、学校を去るにあたって学生たちに述べた言葉と伝えられている。そのため、聞く相手が若者であることは間違いないのだが、「少年よ」（英語ではBoys）と言われることで、いかに自分たちが若く、これからの未来を担っていくのか、という含みが感じられる。こうした小さな言葉選びが、今も多くの人の心を惹き付けて止まない理由なのだろう。

その他にも、多くのリーダーが呼びかけによる言葉を残しており、共に働くチームや仲間を鼓舞しながら未来へと導いていったことが分かる。

やってみなはれ。やらなわからしまへんで。
鳥井信治郎

困れ。困らなきゃ何もできない。
本田宗一郎

くすぶるな！燃え上がれ。
アントン・チェーホフ

この3つの言葉は、冒頭で呼びかけた上で、本当に言いたいことをつなげていく形をとっている。

考えるだけでなく行動に移すことの重要性を説いたサントリー創業者鳥井信治郎氏の名

言も「やってみなはれ」と呼びかけた上で、「やらなわからしまへんで」と続ける。方言の力も相まっているものの、やはり、後半だけを言われたとしても心に入り込んでくる力は半減する。

他の2つの言葉にも同様のことが言えよう。本田技研工業の創業者本田宗一郎氏も、ロシアの劇作家であり小説家であるアントン・チェーホフも、呼びかけることで聞く耳を持たせながら、大事なことを伝えようとしている姿が目に浮かぶ。

そして、言われている相手は、呼びかけられることで「自分に向けて言ってくれている」といった特別感を感じ、自然と聞く耳を持ったのであろう。

気になる言葉をワンポイントで使う。

聞く耳を持ってもらう2つ目の方法は、感情や気持ちを伝えるために、誇張した言葉や音のような言葉である擬態を用いるものである。

> 気持ちいい、ちょー気持ちいい。
>
> 北島康介

この発言は、2004年アテネ五輪で北島康介選手が悲願の金メダルを獲得した際のものである。引退会見時のインタビューで、この発言について「泣きそうになってしまって、咄嗟に出た発言だった」と告白しているが、何といっても「ちょー」が感情の高ぶりを表しており、聞く耳を持たせる効果を発揮している。

特にオリンピックという公式な場であるからこそ「ちょー」といった砕けた言葉が映えているとも考えられる。

こうした表現は、形を変えて、様々な人が用いている。

> 小さなことを重ねることが、とんでもないところに行く唯一つの道。
> イチロー
>
> 固く握り締めた拳とは、手をつなげない。
> マハトマ・ガンディー
>
> 崖っぷちありがとう！
> 松岡修造

これらの言葉は、多くの含蓄や発見に富んだものであることは間違いないのだが、それぞれ誇張した言葉が入ることによって、その力が最大化されていると言える。

イチロー選手の言葉で言えば「とんでもないところ」であり、「小さなことを重ねる」との対比も相まって、日々黙々と努力を続けることの大切さを見事に表現しきっている。

こうした意味の言葉は「石の上にも3年」「散りも積もれば山となる」など世の中に溢れているものの、野球を心から愛し、努力を惜しまない生き様も相まって、慣用句からは伝わってこない力強さが感じられる。

また、非暴力社会を訴えてきたインドの弁護士であり、社会活動家であるガンディーの言葉もまた、「固く握り締めた拳」という言葉を用いることで、暴力の悲惨さや社会における無意味さを的確に表現している。

元プロテニス選手である松岡修造氏の「崖っぷち」という言葉も、性格や個性を含んだ言葉であろう。「逆境を力に変える」という意味の名言も世界に数えきれないほどあるのだが、「崖っぷち」という言葉もさることながら、「ありがとう」とのギャップによって唯一無二の言葉になっている。

こうしたいくつかの例を見てみると、感情の高ぶりを隠すことなくさらけ出すことが、相手の心に響く言葉を生み出す方法であることが分かる。意図的に気になる言葉を用いることもできるのだが、感情が伴っていれば、言葉選びは非常に簡単である。今の気分に合う言葉を選べばいいからである。

その一方で、気持ちが伴っていない場合は、言葉を選ぶ基準がないため、とにかく「いい言葉」「強い言葉」「普段使わない特別な言葉」を選ぶしかなくなってしまう。どちらのほうが相手の心に響くかはお分かりの通りである。

語りかけるように、言葉を紡いでいく。

いざ文章を書こうとすると、人はどうしても身構えてしまう。すると、身体が固くなることで思考も柔軟性を失い、どこか力が入った不自然な文章が生まれてしまう。その結果、文中で使う言葉1つとっても感情の込もっていない、体温を感じない言葉になってしまう。

このような状況を回避するために「話すように書く」ことが有効である。私が話すように書くことの重要性に気付いたのは、『金持ち父さん、貧乏父さん』の著者であるロバート・キヨサキのインタビューを聞いた時であった。彼は、CNNのインタビューで次のように語っている。

「私は英語がうまく書けない。文法も間違いばかりだ。それで高校を2回も落第した。（中略）そんな私がニューヨークタイムズのベストセラーランキングで5番目に入るような本を書けたのは、話すように書いているからだ。そう、金持ち父さんが、私に話して聞かせてくれたようにね」

確かに、彼の本はどこか自分に語りかけられているようなやさしい文体で書かれており、本を読んでいるという感覚よりも、大事なことを教えてもらっている気すらする。

語りかけるように書くことの大事さは、本を書くことだけに当てはまるものではなく、日常生活でも有用である。

文章を書いたり、言葉を入力することは、自分の思いを形にしていく作業であり、どうしても書くや入力するといった行為そのものに集中してしまう。そのため、気付かないうちに利己的になってしまったり、固い言葉を使ってしまう。

そこで、語りかけるように書こうとすると、語りかける相手を意識することになるので、どのようにすれば相手が分かりやすいか、共感してくれるかに注意が向くのだ。

話すように書くためには、スマートフォンや携帯電話のボイスレコーダー機能などを用いて、文章にしたいことを相手を想定しながら口にしてみるといい。話す相手をできるだけ具体的に想定したほうが臨場感のある言葉が生まれていく。

その後、録音した音声を聞き直しながら文字に起こしていく。文字に起こしていけばそのまま意味の通る文章が完成するわけではないのだが、文章を形づくっていくガイドになる。そのなかで出てくる口語的なしゃべり言葉も、そのまま残してみる。すると、自分が強調したいところが自然と強調されていることも多い。

文章に書こうとして詰まってしまった際には、ぜひ試してみていただきたい。

戦略2

言葉を生み出す「心構え」を持つ

言葉のプロが実践する、もう1歩先

誰だって、もう1歩先に進める。

内なる言葉を強く意識し、拡張することで解像度を上げる。そして、言葉の型を知ることで、自分の思いを外に向かう言葉へと変化させていく。

この手順を繰り返し行うだけでも、頭の中が明確になり、今まで言葉にできなかったことをすんなりと言葉にすることができるようになる。

言葉は自分の思いを伝えるための手段であり、伝えるべき自分の思いを把握し、大きく育てていくことが重要である。

本項目では「言葉のプロが実践する、もう1歩先」と題して、言葉を生み出す際に心掛けている具体的な内容を記していきたいと思う。ここで示す方法は私が職業人として実践しているものであるが、皆さんが自分の言葉を磨く際にも助けになると思う。

「もう1歩先」と偉そうな見出しがついているが、これは私がプロだから1歩先にいるのではない。プロの使命として1歩先に行かなければならないとの思いから踏み出した1歩に過ぎない。

そのため、この1歩は誰だって踏み出すことができる。

1歩先に行きたいと思うか否か。踏み出すか、踏み出さないかの違いでしかないのだ。

言葉は誰にとっても平等である。

何も考えなくても言葉を話すことができるし、書くこともできる。だからこそ、「1歩先に行こう」という小さな差が、大きな差に変わっていくことになる。

①たった1人に伝わればいい〈ターゲッティング〉

みんなに伝えようとすると、誰にも伝わらない。

コピーライターとして広告の仕事をしていると、伝えなければならない相手は、自ずと多くの人になってくる。

例えば、飲料水の広告を手掛けるのであれば、日本中の全ての人がターゲットになるし、女性用シャンプーを担当することになれば、ある特定の年齢層を狙うことはあれど、女性全般から共感を得られるような言葉が求められる。

しかし、だからと言って、「日本人全員に伝わるようにしよう」「30〜40代の全ての女性から共感を得られるようにしよう」と考えて言葉を生み出したところで、いい結果を得ることはできない。むしろ、より多くの人に伝えようと思えば思うほど、誰の琴線にも触れることのない言葉になっていく傾向がある。

その理由は明確で、誰1人として「平均的な人」などいないからである。

日本人の平均的な好みやタイプは統計上計算できるかもしれないが、平均的な日本人という人物がいるわけではない。平均はあくまでも平均でしかなく、様々な個性を持った個人の平均値に過ぎない。同様にして、平均的な30〜40代の女性なども存在しないし、平均的な社会人も、平均的な主婦も存在しない。

そこにいるのは、あくまでも個人であり、社会はその個人の集合によって成り立っているのだ。そのため、多くの人に向けて言葉を投げかけることは思った以上に難しいと言える。

大勢の人に何かを伝えようとすると、話す相手の顔が見えなくなってしまうため、話す中身もぼんやりとしたものになってしまう。

例えば、自己紹介をする時も、自己紹介する相手が分かっている時と、分からない時では、何を準備するかが変わってくる。

相手が新しく異動する部署の人であれば、自分の職歴を交えながら、経験だけではなく、これからの抱負を語ればいい。さらに、朝礼などの公式な場であればしっかりと、夜の歓迎会のような場であれば冗談を交えてもいいだろう。

相手が親戚であった場合や、飲み会のような場合には、自分の職歴よりも、趣味や生活スタイルなどのプライベートなものがいいことはすぐに分かる。

その一方で、相手が誰かも分からない状態では、何を重点的に話すことで理解や共感を得られるかが予想できないため、満遍《まんべん》なく話をせざるを得なくなる。

こうした状況に陥るのは自己紹介に限ったことではなく、自分の気持ちや思いを伝える時にも、同じである。

コミュニケーションが、話す側と聞く側の共同作業とするならば、聞く側が不特定多数の人になった場合、誰と共同作業をすればいいのかが分からなくなってしまう。その結果、話している側も、聞いている側も、物足りない気分になってしまうのだ。

重要なのは、どんなに多くの人に自分の思いを理解してもらいたいと思った時も、その全員に向けて言葉を生もうとしないことである。

「みんなに伝えようしても、誰にも伝わらない」

そのことを心に留めて、相手1人ひとりに向けて、言葉を紡いでいく必要がある。

1人に伝われば、みんなに伝わる。

そこで、私が気を付けていることは、たった1人のために言葉を生み出すことである。

もちろん、その1人は、情報や気持ちを伝えなければならないターゲット層の中に入っていることが条件なのだが、できるだけ相手の顔を思い浮かべながら行うと、自然と何をどのように言えば伝わりやすくなるか、理解してくれるかが明確になってくる。

日本人全員に伝えなければならないならば、仲のいい友達であったり、自分の両親を想定して、彼ら彼女らの心が動くような言葉を生み出すようにしている。女性用シャンプーであれば、妻であったり、同僚、電車で偶然目の前に座った女性を想定するといった具合である。

そうすると、伝えるべき相手の顔が具体的になり、「こう言えば分かってくれるかな」「こんな言い方じゃ伝わらないかもな」という感覚を真実味を持って感じることができるようになる。その一方で、顔が見えていない状態のままでは、いつまでたっても、何を言えば伝わるかといった基準を持つことはできない。

しかし、1人に伝われば多くの人に伝わるのかと言われると、必ずしもそうではないこともあるので注意が必要だ。相手の顔をはっきりと意識して言葉を生み出す。そして、本当にその言葉が全体に届くかを客観的に判断する必要がある。

社会は個人の集合体であるため、それぞれに違った個性があり、思いがあり、悩みがある。それら1つひとつに思いを馳せながら、言葉を生み出すことが理想であることは間違いないのだが、現実的には不可能である。

そのため、まずは1人の個性や思い、悩みに深く思いを馳せ、何をどう言えば理解が得られるかを想定する。そして、その内容を多くの人に伝えたとしても、同じだけの理解を得ることができるのかどうかを検証するのだ。

私は経験上、1人の胸に深く染み入る言葉や、心を揺さぶる文章は、多くの人にも同じように響くものであると感じている。逆説的に言えば、誰にとっても分かりやすく書かれている言葉や文章であっても、たった1人の心をも動かさないものは、誰の心も動かすことはないということである。

どんなに大勢の人に向けて話す時でも、特定の1人を思い浮かべながら、「この人にだけは伝えたい」という気持ちで言葉を生み出していく。それが、多くの人の心に響く言葉を生み出す第1歩である。

文章の前に「あなたに伝えたいことがある」を付ける。

1人のために言葉を紡ぎ、その内容が多くの人に届くかどうかを精査する。このプロセスを行う上で、行っていることがあるのでご紹介したい。

それは、言葉の前に「あなたに伝えたいことがある」という文節を付けてみて、違和感や照れを感じないかを確かめることである。もしも違和感がなければそのままで問題なく、違和感を感じるようであれば、手直しをしたり、もう一度考え直すようにする。

なぜこのような基準を持っているかと言うと、「言葉は常に、伝えるべき相手に、伝えるべき内容を理解してもらう」必要があるからである。

仮に、こうした前提を頭で理解していたとしても、言葉を生み出す際には、どうしても言葉を生み出すという行為そのものに集中してしまう。

そのために、言葉を生み出しながら「伝えるべき相手に、伝えるべき内容を理解してもらうためには……」と考えるのではなく、生み出した言葉が、その基準を満たしているかどうかをチェックするほうが確実なのだ。

この「あなたに伝えたいことがある」を文節ごとに分けて考えてみると、以下のように分解することができる。

あなたに　　　…伝えるべき相手は明確か
伝えたいことが…心から湧き出てくる思い、本心であるか
ある　　　　　…断言しきれる内容か

この言葉を冒頭に付け加えるだけで、自分の本心かどうかが分かるだけでなく、相手の心に響く内容になっているかどうかを判断することができるようになるのだ。

私が書いてきたキャッチフレーズにおいても、この工程を行っている。

あなたに伝えたいことがある。『世界は誰かの仕事でできている。』
あなたに伝えたいことがある。『この国を、支える人を支えたい。』
日本コカ・コーラ株式会社　ジョージア

あなたに伝えたいことがある。『その経験は味方だ。』
株式会社リクルートジョブズ　タウンワーク

あなたに伝えたいことがある。『あきらめない。たとえ、0・1％でも。』
株式会社ＴＢＳテレビ　日曜劇場『99・9―刑事専門弁護士―』

手紙でも、愛の告白でも、プレゼンテーションでも、構造は同じである。自分が伝えたいと思っていることが、相手に適切に伝わるかどうかを判断する基準として、活用してみていただきたい。

誰1人として、
平均的な人
などいない。
顔を思い浮かべ
反応を予測する。

②常套句を排除する〈自分の言葉を豊かにする〉

常套句が「あなたらしさ」を奪っている。

日本語には多くの定型的な文言が存在する。

分かりやすいところでは、政治の世界は顕著であろう。「大変遺憾であります」にはじまり、「迅速に行って参ります」「しっかりと精査した上で、適切な判断をします」「国民のために全力を尽くし、善処していく所存であります」など、例を挙げればきりがない。

このような言葉は決まりきった言い回しであり、常套句や紋切り型の言葉と呼ばれている。こうした常套句が用いられるのは、何も政治の世界だけでなく、日常生活やビジネスでも同じことが言える。

「平素からお世話になっております」「大変ご無沙汰してしまいまして、申し訳ありません」

「今後ともご指導ご鞭撻のほど、よろしくお願い申し上げます」といったものも、決まりきった形式的な言葉といえる。

皆さんもこうした常套句をあたり前のように使っていることと思う。

その理由は明確で、「この言葉さえ使っておけば、間違いない」という安心感があり、言葉を選ぶ手間を省いてくれるからである。そのため、無意識のうちに使ってしまうことが多々あるのだ。

特に、文章の書き出しや、文章の締めくくり、文末にはこの手の常套句が用いられやすい。文章や話し言葉において、どうしても「どう話を始めたらいいか分からない」「どう話を締めくくればいいか分からない」といった悩みが生じやすく、常套句がその問題を見事に解消してくれるのだ。

ビジネスのメールであれば、何も考えることなく「お疲れさまです」「平素からお世話になっております」と書き始めればいいし、文末には署名とともに「今後とも引き続き宜しくお願いします」と締めればいい。

しかしながら、常套句は誰もが使える便利な言葉であるため、その人だけの気持ちや思いが伝わりにくいという欠点があることに注意したい。その点では決まりきった文言は、無感情な言葉と言い換えることすらできると思う。そんな無感情な言葉を、文章の最初と最後という大事なポイントで使うのは、実にもったいない。

その点で言えば、メールの冒頭に「平素からお世話になっております」と書いていても、その言葉に意味があるわけではないため、添え物の文字列に過ぎない。そのため、相手もその一文を読んでいるようで、読み飛ばしている状態になってしまっている。

そこでお勧めしたいのが、ふたりだけのエピソードを交えた言葉に置き換えることである。例えば「平素からお世話になっております」であれば、「先日のお話は大変勉強になりました」のようにすればいいだけである。

このように無意識のうちに使ってしまっている常套句や紋切り型の言葉を意識して排除し、当事者同士だけが理解できる言葉に置き換えていくだけで、コミュニケーションは円滑になり、相手との間合いを詰めることができるようになる。

当事者同士しか分からない「ふたりの言葉」の効力。

コミュニケーションは、伝える側と伝えられる側で成立する。なかでも、普段行っているコミュニケーションは、メールであったり、会話であったり、一対一で意思疎通を取ることも多い。

こうした場合、ふたりだけでコミュニケーションが完結するため、常套句を排除するのが比較的容易である。伝える相手が限られているため、ふたりだけのエピソードを交えながら言葉を紡ぐことができるからである。
私は、この方法を「ふたりの言葉法」と定義しており、日々の会話やメール文章を打つ際に心掛けている。以下に、いくつかの例を挙げてみよう。

常套句：
平素からお世話になっております。
↓
ふたりの言葉：
先週の打ち合わせ、ありがとうございました。

常套句：
大変ご無沙汰してしまいまして、申し訳ありません。
↓
ふたりの言葉：
前回お会いさせていただいてから、◯ヶ月が経ってしまいました。

「平素からお世話になっている」や「大変ご無沙汰している」内容を具体的にすることで、当事者にしか分からないふたりの言葉を生み出している。すると、さらっと流されていた文頭が、お互いにとって意味を持つようになる。

常套句：
今後ともご指導ご鞭撻のほど、よろしくお願い申し上げます。
↓
ふたりの言葉：
今度は社外でもお話させていただければうれしいです。

先ほどの例では具体的なエピソードを交えることで、ふたりの言葉をつくっていたのだが、今回は「より話をしたい気持ち」を相手に伝えるために「社外でも」「うれしい」という言葉を用いている。

もちろん「社外でも」という言葉には「社内でしか会っていない」という前提がある。だからこそ、より深い関係になりたいという意思が込もる。さらに「うれしい」といった感情を表す言葉を取り入れることで、社交辞令ではなく、本心で思っていることを伝える効果を発揮している。

このように、常套句を排除し、ふたりの言葉を意識しながら自分らしい表現に変えていくことで、自分の言葉が生まれていく。同時に、自分の気持ちを文章に込めていく訓練にもなるので、ぜひ毎日の生活の中に取り入れていただきたい。

専門用語や完全に理解していない言葉を使わない。

常套句や紋切り型とあわせて注意したいのは、自分でも深く理解していないで使っている言葉や専門用語である。

例えば、その業界でしか使われていないような専門用語は、周りが使っているから自分もなんとなく使っているということがよくある。しかし、内容を完全に理解しているわけではないので、話している内容が曖昧で説得力に欠けるものになってしまう。それと同時に、はじめて専門用語を聞かれた人に単語の意味を質問されてしまうと、うまく答えられずにバツの悪い思いをしてしまうことにもつながる。

近年の流行りで言えば「ＰＤＣＡ（ピーディシーエー）をまわす」「ＫＰＩ（ケーピーアイ）を設定する」「コンバージョン」「エンゲージメント」「クラウド」などが挙げられるだろうか。そのほか、自分が属している領域や業界で用いられる専門用語を、専門用語を使わないで説明できるようにしておく必要があるのだ。

「ＰＤＣＡをまわす」を例にすれば、正確に示すと「プラン（計画する）、ドゥー（実施する）、チェック（評価する）、アクト（改善する）を繰り返すことで、業務を発展的に継続していく」となる。

この内容をもっとポイントを絞って分かりやすくするならば「やりっぱなしにしないで、改善し続けよう」ということになろう。ＰＤＣＡの全てのステップの説明はしていないままでも、大枠を理解するには十分である。

「ＫＰＩを設定する」では、「キー・パフォーマンス・インディケーターであり、業務がどれだけ達成されたかを評価する判断基準を決める」ということになるのだが、正確に伝えようとすればするほど不理解が生じる典型のようである。

そこで「本プロジェクトの成功基準を数字で決める」と言い換えれば、ＫＰＩについて知らない人にとっても理解できるだろう。

自分が「これは意味が分からないな」と思った言葉について、メモして意味を調べるだけでなく、どう言い換えれば、多くの人にとって分かりやすいものになるのかを考えることを習慣化する。

そして、言葉の意味を噛み砕いていくと、自分自身の本当の理解につながっていく。この繰り返しが「この人は分かっていないな」という印象を「この人は分かっているな」という印象に変えていくのだ。

③一文字でも減らす〈先鋭化〉

書ききる。そして、修正を加える。

文章を書いていくことは、書くことと消すことを繰り返していく作業である。頭に浮かんでくる内なる言葉を摑みとり、外に向かう言葉に変換していく。文章を書く手が止まってしまったり、書いているうちに何を書いているか自分でも分からなくなってしまい、文章を見直す。そして、「もっとこう書いたほうが分かりやすいかな」と思いながら、その一節、あるいは、全体を消して、次へと書き進めていく。

私も以前はこのように「考えながら書く」ということを行っていた。しかし、それは過去の話である。

今行っているのは「考えをまとめた上で、一気に書く」ことである。文章を見直しながら修正する、といった作業を極力行わないようにしている。見直したり、修正を加えるのは、全体の文章を書いた後である。

つまり「書ききった上で、見直す」のである。

文章を書くことは、次々に浮かんでくる内なる言葉を丁寧に摑み取り、文字に変換していく作業である。そのためには2つの条件があり、まずは、書こうと思っていることの設計図が頭の中にあること。そして、いざ「書こう」と思い立った後は、内なる言葉が溢れてくる思考の早さに取り残されないように書き続けることである。

書いては消し、消しては書いて、を繰り返していては、文章全体がツギハギだらけになってしまい、結局何を伝えようとしているのかが分からないものになってしまうこともある。

そのため、私はどんな内容であっても、いきなり文章を書いたり、パソコンのキーボードに向かうことはほとんどない。その代わり、第2章で示した内なる言葉を書き出すことから始める。

そして、断片的で一貫性のない言葉を並べた上で、それぞれの関係性を客観的に捉えながら、内なる言葉が湧き出してくる自分の思いの源泉を探り当てた上で、書き出した言葉を部品にしながら、全体の文章の設計図をつくり上げる。

ここまでできれば、後は書くだけである。

頭が整理された状態で実際に文章を書き始めると、言葉と思考が刺激し合うことで、今まで考えが及ばなかったことにまで思考が進み、新たな内なる言葉が生まれていく。こうした偶発的に生まれた内なる言葉が消える前に掴み取り、一気に書ききる。考えながら書いたり、書いては消してを行っていては、言葉と思考が刺激し合って新しい発想が生まれることも期待できず、その場でしか生まれない内なる言葉を掴み損ねてしまうことにもつながる。

そのために、全体の設計図をつくり上げた上で、一気に文章を書ききるのだ。

内なる言葉の語彙力と解像度を上げる訓練ができていれば、いきなり書き始められるようになってくるのだが、プレゼンテーションの資料を作成する際や、キャッチコピーを書く時、講義やスピーチのように大勢の方の前で話す時には、必ずと言ってもいいほど、頭の中にある全てを書き出すことから始めている。

その理由は、何を言えばいいか分からない段階でキーボードに向かう危険性を痛感しているからである。

削ることで、言いたいことを際立たせる。

実際に書ききった文章を見直してみると、粗が目立ったり、同じことを繰り返していることが多かったりする。「あぁ、私はこんな文章しか書けないのか」と落胆してしまうこともある。

しかし、書ききった文章はあくまでも文章の骨格である。そのため、読みやすさや体裁を気にする必要はない。大事なのは、伝えたいと思っていることが含まれているか、言葉で表現できているか、である。どんなに言葉が美しく読みやすいものであったとしても、肝心の内容がなければ、文章ではなく、ただの文字列でしかない。

ここからは文章を磨いていく作業に入るのだが、基本的な方針は、書ききった言葉を削りながら形を整えていくことである。こうした作業を推敲と呼ぶ。

推敲というと、文章を書き直しながら磨いていく、という印象があるかもしれないが、私は文書の余計なぜい肉をそぎ落とすことで、核心を絞り込んでいく作業と捉えている。まず第一に削っていくものは、繰り返し出てくる言葉である。例えば「それは」「その」といった指示語、「そして」「しかし」などの接続詞、「私は」といった主語である。

こうした繰り返し出てくる言葉を、必要最小限のものを除いて削除していく。一気に書ききろうとすると、頭の中で言葉を組み合わせながら意味を紡いでいくことになるので、どうしても指示語や接続詞が多くなってしまう。それらをそぎ落とすのだ。

すると、文章全体にキレやリズムが生まれ、読みやすくなるだけでなく、本当に伝えたいことが際立っていく。

次に行うことは、同じ意味の文章が続く箇所を違う言い回しに書き換えていく作業である。英語ではパラフレーズと呼ばれ、重要な言語力の1つと位置付けられている。

この作業を行うには類語辞典が有益である。私の場合は、全てのパソコンに類語辞典のソフトウェアが入っており、言い換えたい単語が出てきたらすぐに検索できるようになっている。

最近ではインターネット上にも類語辞典を提供しているサービスがあるのだが、インターネットに接続されていない状態では使えなかったり、ついネットサーフィンをしてしまったりするので、専用のソフトウェアを導入している。

「同じ意味で違う言葉はないかな」「もっといい言葉があればいいのに」と思った際には、インターネット上の類語辞典を使ってみていただきたい。いくつかのサービスがあるので、比較した上で、最も使いやすいと感じたものをブックマークしておくと便利である。

自分だけのこだわりを削る。

そして、最後に削るのは、残しておくか、消すか悩んだ文章である。

ここが推敲作業でいちばん難しいところなのだが、私は「ここは必要ないかな」「ここまで書くと蛇足かもしれない」と感じた文章は、まず削ってみることにしている。

言葉にまつわる誤解として最も多いのが、できるだけ丁寧に説明をしたほうが理解が進むであろう、というものがある。

しかし実際には、詳しく説明されるほど分からなくなってしまうことが起こり得る。情報過多によって、思考が止まってしまっている状態である。

多くの人がこうした経験をしているにもかかわらず、できるだけ丁寧に、詳細を伝えることに苦心してしまう。そして、情報量が増えていくたびに、聞き手が理解できなくなっていくという状況が日々引き起こされている。

そこで私は、残しておくか、消してしまうかを悩む部分を「自分だけのこだわり」と捉えるようにしている。もちろん、文章にこだわりを持つことは大事なのだが、相手が理解できなかったり、意味を感じないようなものであれば、自分の考えがより伝わることにこだわるべきことは明らかである。そのため、勇気を持って文章から削除する。

削除してみると文章が素直になって、伝えたいことが際立ってくることが多い。俗に言う「まどろっこしさ」がなくなるので、内容がスッと入ってくるようになるのだ。

もしも文章を削除することで物足りなさを感じるのならば、元にあった文章を戻せばいい。大切なのは、微調整の繰り返しを行うことで、ツギハギだらけの文章を生むことではなく、広い視点で大きく修正を加えることである。

④きちんと書いて口にする〈リズムの重要性〉

誰もが、文章を「内なる言葉」で読んでいる。

話す言葉だけではなく、書く言葉、入力する言葉の重要性が高まっている。

日常生活を考えてみると、仕事をしている人は日々企画書を書いたり、打ち合わせに参加するためにメモや議事録を書かないといけないこともあるだろう。

学生生活では、レポートを書いたり、ゼミに所属していれば研究発表のためにプレゼン資料を用意することもあると思う。

また、ブログを書いている人やSNSを利用している人は、言葉を打ち、世の中へと意見を発信しているだろう。

こうした書く言葉、相手にとっての読む言葉を、より読みやすくする簡単な方法があるので、ぜひ試していただきたい。

その方法とは、一度書いてみた言葉や文章を口に出して読んでみることである。「なんだ、それだけのことか」と思った方もいるかもしれないが、この方法によって言葉の伝わり方が向上するのには、れっきとした理由がある。その理由とは、本書のテーマでもある内なる言葉と非常に関連している。

文章を読む時、誰もが「内なる言葉」を使って、頭の中で音読している。

事実、こうして文章を読んでいる皆さんも、意識していないかもしれないが、本書に印刷された言葉を目で追いながら、頭の中で内なる言葉を用いて音読している状態にある。もちろん、一言一句の全てを音読していないかもしれないが、「ここは重要だな」と思ったり、気になって読み返してみたりする文章については、十中八九、内なる言葉で音読しているはずである。

第1章で、考えることは内なる言葉を発することであると定義したが、読むこともまた内なる言葉を発することになるのだ。

プレゼンテーションの練習や、スピーチ、会議での発表、面接での受け答えなど、実際に言葉を声に出して発言する場合には、原稿を用意した上で実際に声に出して練習する人は多いと思う。その一方で、書くだけの文章や、入力しただけの文章の場合、出来上がった文章を音読している人はあまりいないのではないだろうか。

だからこそ、今日からは「どんな文章も、内なる言葉で読まれている」と意識することで、自分が発信するあらゆる言葉や文章を一度声に出して読んでみていただきたい。

声に出して読むことで、相手が内なる言葉で音読した際に、気持ちよく心に入り込んでいくかを判断することが可能になる。そして、書いたり入力していた時には分からなかった、文章の粗に気付くことにもつながるのだ。

読みにくい言葉は、心に入ってこない。

文章を書ききった上で読み直し、また書き直す。こうして推敲を重ねながら文章は完成に向かっていく。

そして、仕上がった文章を口に出して音読してみると、読みにくいところが出てくるものである。パソコンのディスプレイ上で見ている時や、印刷した紙で目を通している時には全く気にならなかったにもかかわらず、音読することで気になる点がある。

再度、冷静になって文章を目で追ってみると、文字列としては問題がない。

こうした場合、多くの人は、文章として完成しているから問題ないという判断をすると思う。しかし、私は、読んでみて違和感を覚える点は、文章として問題がなくても修正を加え、読みやすいものに推敲するようにしている。

その理由は、文章を内なる言葉で気分よく読んでいる際に、読みにくかったり、引っかかってしまう点が1箇所でもあると、そこまで高まっていった感情が一気に醒めてしまう可能性が高いからである。感情が醒めると、集中力も同様にして切れてしまう。その瞬間から、話の内容が頭にも心にも入ってこなくなってしまうのだ。

他の人の文章を読んでいる時、ずっと内容を理解していたつもりだったのが、ある瞬間を境にして、一気に何を言っているのか理解できなくなった、気持ちが入らなくなった、という経験はないだろうか。こうした現象は、ちょっとした違和感を感じただけだったり、内なる言葉で読みにくかったりするだけで容易に起き得る。

決して理論の飛躍があったり、前後での整合性や辻褄が合わないといった内容に問題がなくても、こうした状況は起こり得るのだ。

人に読まれる文章であったとしても、相手は文字を追いながら、内なる言葉で読んでいる。そのため、文章が出来上がった際には、きちんと自分の口で読んでみて違和感がないかを確認してみていただきたい。

⑤動詞にこだわる〈文章に躍動感を持たせる〉

動詞には意志が宿る。

文章を書く時に気を付けていることがいくつかあるのだが、その多くは文章や言葉に臨む心構えである。そのなかで、実際に言葉を選んだり、精査する時に方法論として実践していることが1つだけ存在する。それは、動詞にこだわることである。

日本語は構造的に動詞が最後にくることが多い。そのため、動詞によって文章の印象だけでなく、発している言葉の本気度が決まってしまうことが多いからである。

英語では、主語のあとに動詞がきて、次に目的語や補語、修飾語と続いていく。「誰が何をするか」が文頭に出てくるため、詳細は理解できないとしても、文頭さえ理解できれば大枠を把握できる言語構造を取っている。

S＋V＋C（主語↓動詞↓補語）、S＋V＋O＋C（主語↓動詞↓目的語↓補語）といった構造を思い出してみると、常に主語と動詞が先頭に位置していることが分かる。

その一方、日本語はほとんどの場合、動詞が最後にくることになる。主語の後がどんなに長くても、動詞を含んだ述語は文章の最後に現れるのだ。

例えば、「私はこの道を全速力で走った」という文章を例に見てみよう。

文章の骨格を抜き出すと「私は走った」であり、そこに「この道を」という目的語と「全速力で」という修飾語が具体的な状況を示している。

多くの場合、「全速力で」にあたる修飾語を工夫することで、文章に躍動感を持たせようとしてしまう。しかしながら、修飾語を増やすほど、文章は長くなってしまうだけでなく、無意識のうちに常套句や紋切り型の表現を使ってしまうことになる。

原文

私はこの道を全速力で走った。

↓

修飾語を工夫する

私はこの道を汗だくで走った。

私はこの道をがむしゃらに走った。

私はこの道を胸をバクバクさせながら走った。

このように書き換えることで、文章の勢いや雰囲気を変えることも可能である。しかし、「汗だくで」「がむしゃらに」「胸をバクバクさせながら」は一生懸命さを表現するための決まり文句のようになっているため、意味が大きく変化したとは言い難い。

その代わりに、動詞にこだわると、どうなるだろうか。

> 原文
> 私はこの道を全速力で走った。
> ↓
> 動詞にこだわる
> 私はこの道を疾走した。
> 私はこの道をひた走った。
> 私はこの道をかっ飛ばした。

このように、「全速力で走った」という意味を1語で表現できるだけなく、文末に力強さが加わるため、印象が大きく変わっていく。もしかすると「全速力で走った」と書いてあるよりも「全速力で走ったんだろうな」というイメージを共有することにつながっているのではないだろうか。

実際に自分が文章を書く時も、動詞の候補を挙げて並べてみると、自分が伝えようとしていることにしっくりする言葉が見つかるようになる。この繰り返しによって、自分の言葉の解像度を上げることができるようになるのだ。

実体験が内なる言葉の動詞を増やす。

今、動詞が衰えているように思えてならない。

日常生活を見回してみると、私もよく使ってしまうのだが「英語＋する」を動詞として扱っていることが非常に多いことに気づく。

例えば、「ゲームする」「コントロールする」「コミットする」「テイクアウトする」「チェックする」などである。日本語で置き換えるならば「遊ぶ」「制御する」「約束する」「持ち帰る」「確認する」となる。

いまや、前者のほうが伝わりやすくなっていることは認めざるを得ないが、本気で自分の気持ちを伝えようとした時にカタカナ語が出てきたら、どう思うだろうか。もし私が聞き手であったならば、拍子抜けしてしまう。

日本語が本来持っている動詞が衰えている根本的な理由は、実体験が減っているからではないかと考える。

人は元来、自らの行動を言葉に置き換えてきた。狩猟をしていた時代であれば、群れをなす、弓を射る、宴を開く、といった言葉が生まれていく。稲作の時代に入れば、土を耕す、種を蒔く、稲を育てる、刈る、といった動詞が行動とともに誕生する。戦国の世になれば、策を練る、攻め入る、守る、統治する、といった具合である。

こうした生活に紐づき、人は動詞を生み、育て、使用してきたのだ。

それに比べ、現代の生活は、体験そのものが減少しているように思える。

時間に追われることで、道草を食う、ことがなくなった。

スマートフォンばかりを見ているため、空を仰ぐ、ことがなくなった

最愛の人といつでも連絡が取れるので、やきもきする、ことがなくなった。

自然と触れ合うことが少なくなり、傷を負う、ことがなくなった。

仕事ばかりなので、大笑いする、ことがなくなった。

こうした体験の減少とともに、動詞は姿を消し、語彙力の減退を引き起こしている。

そのため、できるだけ多くの体験、特に日常ではしないような体験をすることが、動詞

をはじめとしたあらゆる言葉を増やしていくことに役立つ。

そこで気を付けたいのは、新しい体験をしているときに、自分の頭の中にどんな言葉が生まれるのかに意識を向けることである。今までやったことのないことをすると、それだけで脳は刺激を受け、新しい感情が内なる言葉として発せられる。

それら1つひとつと丁寧に向き合うことで、活き活きとした動詞や言葉を自分のものにすることができるようになるのだ。

多くの言葉を知っていたり、辞書に載っている正しい意味を知っていても、自分がどんな時にその言葉を使うべきかを理解していなければ意味がない。実体験を通じて、世の中に多くの言葉が存在している本当の意味を知り、使える言葉を手にしたい。

体験の幅を広げることが、動詞の幅を広げることにつながる。

⑥新しい文脈をつくる〈意味の発明〉

言葉の意味は時代によって変わる。

全ての言葉には意味がある。

通常、知らない言葉が出てきた時には、国語辞典を引くことで、その言葉本来が持っている意味や正しい用法を調べることになる。こうした辞書に載っている意味は、言葉の成り立ちも含めた本質的な意味である。

その一方で、言葉の用いられ方や、言葉の持つ印象は時代によって変わっていく。分かりやすい例では「全然」という言葉の使用法を挙げることができる。本来であれば「全然〜ではない」というように、否定語とともに用いることで、否定の意味を強める用法が正しい。しかしながら、現代では必ずしも「〜ではない」という否定語を伴わない使われ方をされている。「全然大丈夫」「全然いいよ」などである。

意味が大きく変わっている言葉では「適当」は分かりやすいだろう。本来の意味では「ぴったりと丁度いい」というよい意味の言葉なのだが、現在では中途半端に行うといった否定的な意味が先行している。もしも、しっかりやりますという意味で「適当にやります」と発言しようものなら、「適当にやるとはなにごとだ」と口論になるだろう。話している側は正しい用法で用いているのに、受け手が間違った意味で捉えてしまったならば、コミュニケーションは成立しないことになる。

このような状況を「言葉の乱れ」として憂うことは簡単なのだが、言葉の意味が時代によって変わることは致し方ない。ただでさえ、インターネットやスマートフォンが普及することで、コミュニケーションの方法が激変しているのだ。メディア環境が変わっているのに、そのメディアに乗る言葉だけが形や意味を変えずにいられるはずはない。

そこで重要なのは、言葉の意味が広がることを楽しむ姿勢なのではないだろうか。本来は誤用だが、新しい意味や用法も無視しない。そんな曖昧さを受け入れる姿勢である。

人は言葉で考え、言葉で発信し、言葉で理解し合う。その言葉が変化していくことは概念や価値観の変化をもたらし、世の中をより自由なものにする可能性すらあると思う。

ここでは積極的に言葉の概念を刷新することで、言葉に新しい意味を持たせる方法について述べていきたい。この方法は言葉の意味を拡張するだけでなく、言葉の新しい意味を発明する方法であるとも言える。

では実際に、その具体的な方法を説明したい。

「○○って、△△だ。」で、新しい名前を付ける。

言葉に新しい意味を発明するには簡単な方法がある。それは、新しい名前を付ける、というものである。より具体的に言えば、対象となるモノが本来持っている価値ではない、別の役割を与えるのだ。

その方法は非常にシンプルで「○○って、△△だ。」という構造の中に、2つの言葉を入れるだけである。たったそれだけのことで、新しい意味を発明することができるようになる。中に入れる2つの言葉は、できるだけ真逆の意味を持っている言葉のほうが効果を発揮する。

実際にいくつかの例を挙げてみよう。

「生徒って、先生だ。」

本来、先生と生徒の関係は教える教えられるという関係であるものの、先生も生徒から学ぶことがたくさんある。その関係を逆転させることで、新しい名前を付けることができるようになる。

このように、相対する言葉を「〇〇って、△△だ。」の型に入れることで、新しい名前を付けることができるようになる。そのため、私はこの方法を「命名法」として、今までの常識を打ち破る概念を打ち立てる必要がある時に用いている。

この構造を理解してしまえば、自分が文章や言葉にしたいことを想定しながら「〇〇って、△△だ。」の箇所を埋めていけばいい。

「大人って、子どもだ。」
大人にも、子どものような好奇心や遊び心がある。

「仕事って、遊びだ。」
仕事を楽しんでやろうという気持ちを持つことで、遊びのように変わる。

「言葉って、武器だ。」
コミュニケーションを円滑にするために、言葉は大きな役割を担っている。

「欲張りって、長所だ。」

欲張りであることを好奇心が旺盛な状態と捉えるならば、よい意味に変わる。

これらの例を見て分かる通り、新しい名前を付ける際は、今までのイメージと真逆の名前を与えたほうが効果を得られる。さらにひと手間加えてみると、それだけで1つの文章が完成してしまう。


「生徒って、実は、先生なんだ。」

「大人も、案外、子どもだね。」

「仕事なんて、遊んじゃえ。」

「言葉にできるは武器になる。」

「欲張りは、私の長所です。」


新しい発見をしたかったり、今までとは違ったものの見方を求められている時には、「○○って、△△だ。」という構造を思い出して、ぜひ活用してみていただきたい。そして、新しい文脈が発見できた後は、文章にひと手間を加えて、より心に響く形へと変換すればいいのだ。

名前が変われば、意識が変わる。常識が変わる。

「○○って、△△だ。」という命名法を使うことで、新しい文脈や概念を打ち立てる言葉を生み出せるようになることは理解できたと思う。しかし、ここで本当に生み出したいのは、言葉そのものではない。重要なのは、新しく生まれた言葉によって人の意識を変えることであり、常識を塗り替えることである。

例えば、「生徒って、先生だ。」という言葉が生まれることで、今まで見えていなかった価値観を可視化することに成功した、と考えるようにしている。

今までは「生徒は先生の言うことを聞くものだ」という価値観を持っていた教師も、「確かに、生徒から学ぶこともたくさんあるな」と思い返すことで、生徒への態度を大きく変える可能性を秘めているのだ。

その他に例に挙げた言葉にも同様のことが言える。

「大人は大人らしくしなければならない」という堅苦しさから解放したり、「仕事は真面目にやるだけじゃなく、楽しんだっていいんだ」という気付きを与えることに貢献する。ある人は言葉の役割について見直すことになるだろうし、欲張りな子どもを持つ親は、実はその性格が子どもの長所であることを発見するきっかけを与えることにもなるだろう。

もちろん、ここで挙げたものは、単なる言葉である。しかし、新しい意味を発明し得る言葉は、言葉以上の力を持つことになるのだ。

こうした命名法によって、人の気持ちを大きく変えている事例は数多く存在している。例えば、スティーブ・ジョブズは、自分たちエンジニアのことを常にアーティストと呼び、自分たちがいかに繊細で美意識に溢れる仕事をしているかを説いている。

「最高の発明家や技術者っていうのは、実はアーティストなんだ。」

こうした言葉を投げかけられた技術者は、どんなに勇気付けられ、自らの仕事に新たな価値を見出しただろうか。

また、ディズニーランドで、スタッフのことをキャストと呼んでいることも、同じ効果をもたらしている。スタッフといえばただの従業員に過ぎないのだが、キャストとは出演者なので、ディズニーランドという大きな舞台で働く意義や誇りを感じることができるようになるだろう。その他、マクドナルドやタリーズコーヒーでは、従業員のことを、乗組員を意味するクルーと呼んでいる。

ビジネスにおいて言えば、クライアントや協力会社のことを、同じプロジェクトを推進するパートナーと定義し直すことも、同様の効果を生むことにつながる。クライアントや協力会社と呼んでしまうと、受注する側と発注する側という関係性を意識せざるを得ないのだが、パートナーとなると、全員が並列の立場で、手に手を携えて1つの目的のために協力するという関係を構築したいと思えるようになる。

新しい名前を付けることはあくまでも手法に過ぎないのだが、その効果は絶大であるため、覚えておいて損はないだろう。

⑦似て非なる言葉を区別する〈意味の解像度を上げる〉

単純化することで失われるものがある。

複雑なことを単純化することで、誰にとっても分かりやすい形に変換する。こうした物事を俯瞰する能力は、どんな分野においても重要である。ビジネスで言えば、多岐にわたる情報を正しく整理したり、会議や打ち合わせで議論している内容をまとめる。家庭では、手付かずのままになっているやらなければならないことに優先順位を付けてリスト化する。

こうした単純化は、日々自分の身に降りかかる問題を解消する助けになる。

その一方で、自分の思いを表現するという点に関して言えば、この単純化がマイナスに働く可能性があることに注意したい。

皆さんにはこんな経験がないだろうか？

「こんなに時間と労力をかけて文章を書いたのに、どこかで見たこと、聞いたことがあるような内容になってしまった」

こうした現象が起きるのは、物事を単純化し過ぎていることに起因する。

どんなに心を動かす恋愛小説であっても、「女性が男性にほれ込んでしまうけど、その男性が病にかかってしまう話」と詳細を削ぎ落として単純化してしまえば、何の感動も生まれない。

世界の人々の生活を一変させるような発明をした偉人の人生を語る時も、「血の滲むような努力をしたからこそ成功したのだ」と省略してしまうと、その人の努力の大きさは全く伝わってこない。

単純化することは、分かりやすさを高めるメリットもある。しかしながら、詳細を排除することで、人の興味を惹きつける情報が抜け落ちてしまうこともあるのだ。先ほどの小説の例で考えれば、主人公をはじめとした登場人物の生い立ちや関係性といった前提があってこそ共感が生まれるものであり、こうした詳細の積み上げによって、人の心は少しずつ動いているのである。

自分が文章を書いたり、思いを伝える時に重要なのが、単純化し過ぎないことである。

「どこかで見たこと、聞いたことのある内容になってしまった」と感じるのは、考えていること自体が何の変哲もないわけではなく、自分らしい詳細な情報が省略されてしまうことが原因となることが多い。

こうした事態を避けるためには、まず、思いを書ききること。そして、文章を削り、言いたいことを鮮明化させながら、用いる1語1語にこだわっていくことである。本項では、言葉の意味の解像度を上げると題して、似て非なる言葉を区別する重要性について説明を続けたい。

言葉の「意味」の解像度を上げる。

文章を削って短くしていくと、物理的な語数が減っていくため、同様に情報量も減っていくことになる。しかし、言葉を減らすことの本質は、言葉や文章で意味する内容を凝縮することにあるため、闇雲に文字数を減らせばいいというものでもない。

そこで重要になるのが、1語1語の言葉に意味を込め、意味の密度を高めていくことである。

私が具体的に行っていることは、似て非なる言葉を使い分けることである。人間の感性の差は、心のヒダがいかに敏感であるかによって決まってくるため、近い意味を持つ言葉

1語1語に対して意味を同質化せず、違いを見出すようにしている。この積み重ねによって、言葉に対する感性が磨かれるだけでなく、目の前で起きている現象をどう捉えるかという価値観も洗練されていく。

私が意識して区別している言葉を、以下に整理する。こうした言葉を区別することは、言葉そのものを区別するためでなく、言葉の意味の解像度を上げることに寄与している。

知識と知恵：

知識は知っている状態を差し、知恵は自分のものとして使えるものを差す。知識を頭に入れるだけではなく、身体を動かしながら実践することにこそ意味がある。

評価と評判：

評価は得るものであり、評判は起こるものである。評価は評判の積み重ねによって生まれるべきものであり、評価のみを追っては、本来の目的を失うことになる。

問題と課題：

問題は既に起きてしまった状態であり、課題はその問題を引き起こし続ける本当の原因である。問題に目を奪われることなく、課題を探る必要がある。

解消と解決：
解消はマイナスをゼロにするものであり、解決はマイナスをプラスに変換するものである。問題解消と課題解決は同じように見えるが、全く違うものであると心得る。

性質と本質：
あらゆる性質は、本質から生まれる。問題と課題の関係に近いのだが、どうしても表面的な性質に目が行きがちなため、本質を見極めることが重要であると心得る。

会議と議論：
ただ話し合うことが会議であり、意見をぶつけ合うことが議論である。会議を行うことで安心してしまうが、議論を重ねなければ意味がない。

文句と意見：
文句は否定でしかなく、意見は前進するきっかけになる。この両者の違いは、言葉を発している側の問題だけではなく、受け取る側の態度によるものでもある。

妥協と収束：
妥協は互いが折れて意見を集約することだが、収束は議論の果てに意見が決まることである。結果としては同じなのだが、そのプロセスこそを大事にしたい。

顧客と個客：
顧客は仕事上の取引先や生活者の集団であり、個客はその1人ひとり。顧客は個客の集合体であるため、常に個客へと思いを馳せながら仕事に取り組みたい。

意味と意義：
意味はその事柄を行わなければならない理由であり、意義は積極的な理由と捉えている。自分が行うことには、意味だけではなく、意義を語れるようにしたい。

仕事と使命：
仕事は労働そのものであり、使命は自分が仕事を通じて成し遂げたいことである。働く意義は、仕事を通じて社会や生活をよくするものであると考える。

ルールとモラル：

ルールは守るべきもので、モラルは自分を律する行動規範である。自分のモラルを高めることで、ルールに縛られない生き方をしたい。

上記で記したものは、私が重視している似て非なる言葉のリストである。このようにリスト化していくと、自分が何を大切に思っているかが明確になってくる。

重要なのは、自分だけの似て非なる言葉リストを作成することである。例えば「謙虚と消極的は似て非なる言葉なのではないか」と感じる瞬間があったならば、納得するだけではなく、きちんとメモに残しておく習慣をつけるのだ。

それらが積み重なっていくことで、自分が大事にしている価値観が自然と浮き彫りになっていく。そして、内なる言葉の語彙力も解像度も高まっていき、考えが深まっていく。その結果、自分の感性が変わり、選ぶ言葉が変わり、外に向かう言葉にも厚みが生まれていくのだ。

おわりに

言葉を生み出すために必要なのは、動機である。

動機が大きければ大きいほど、伝えなければならないという使命感が強いほど、自分の考えていることを正確に、そして、余すことなく言葉にしようとする作用が働く。

最後に、私が本書に書かれている内容を「言葉にしたい」と考えるに至ったきっかけについて記述をし、締めくくりとさせていただきたい。

そのきっかけとは、多くの若い仲間たちが生まれたことである。会社の関係で言うならば後輩に当たるのだろうが、私は彼ら彼女らを後輩とは思っていない。現代の空気を十分に吸った新しい仲間である。

彼ら彼女らと接していると、若いからといって考えが浅いことなどなく、むしろ地に足の着いた思慮深さを感じる。その一方で、考えていることを言葉にすることができず、歯がゆさを感じている様子が見て取れる。

こうした姿を目にする度に、自分のなかにある思いを言葉にする方法を体系化する必要があると強く思うようになっていった。もちろん、その内容はスキルやテクニックといった表現技法の羅列であってはならない。言葉はその人自身の人間性や信念といった個性が反映されるものであるため、「モノは言いよう」で自分を大きく見せたり、相手から評価を得ようとしても意味がないからである。

言葉にできないということは、言葉にできるだけ考えられていないことと同じである。そのため、言葉にできるだけ考えを進める思考法から提示しなければ、目的を達成することはできない。そんな思いから、本書の骨格は生まれている。

年月が経ち、彼ら彼女らに新しい仲間が生まれた時、本書を振り返りながら自分なりに実践している方法を体系化し直し、また次の世代へと共有してもらえれば、これ以上の喜びはない。

本書を書ききるために伴走していただいた日本経済新聞出版社の網野一憲さんには感謝以外の言葉は見当たらない。思いをさらけ出すために、悩みながら書ききり、議論と修正を繰り返す。特に自分の専門分野ともなると、自ずとこだわりも強くなる。そのため、多大なるご苦労をおかけしたと思う。私のような若輩者に向き合い続けていただき、有り難い限りであった。

デザイナーの河内貴春さんには装幀と本文のデザインを、コピーライターの坂本弥光さんには多くの助言をいただいた。そして、私の動機を深く理解し、陰ながら支えてくれた妻と猫、家族にも大変感謝している。この場を借りて、御礼申し上げたい。

２０１６年８月

梅田悟司

〈参考文献〉

丸谷才一（１９９５）『文章読本』中央公論社
瀬戸賢一（２００２）『日本語のレトリック』岩波書店
CNN English Express 編（２００８）『ビジネスのカリスマ・インタビューズＣＤシリーズ13』
　朝日出版社
インパクト編（２０１１）『生きる力がわいてくる名言・座右の銘１５００』永岡書店
西東社編集部編（２０１４）『必ず出会える！　人生を変える言葉２０００』西東社
梅田悟司（２０１５）『企画者は3度たくらむ』日本経済新聞出版社
西東社編集部編（２０１６）『仕事観が変わる！　ビジネス名言５５０』西東社

梅田悟司（うめだ・さとし）

コピーライター
武蔵野大学アントレプレナーシップ学部教授

1979年生まれ。大学院在学中にレコード会社を起業後、電通入社。マーケティングプランナーを経て、コピーライターに。言葉を中心に据えたクリエーティブ・ディレクションを行う。2018年にベンチャーキャピタルであるインクルージョン・ジャパン株式会社に参画し、ベンチャー支援に従事。2022年４月より現職。

主な仕事に、ジョージア「世界は誰かの仕事でできている。」、タウンワーク「バイトするなら、タウンワーク。」、Surface Laptop 4「すべての、あなたに、ちょうどいい。」のコピーライティングや、ＴＢＳテレビ「日曜劇場」のコミュニケーション統括など。経営層や製品開発者との対話をベースとした、コーポレート・メッセージ開発、プロダクト・メッセージ開発に定評がある。

著書に『きみの人生に作戦名を。』（日本経済新聞出版）、『やってもやっても終わらない名もなき家事に名前をつけたらその多さに驚いた。』（サンマーク出版）などがある。

「言葉にできる」は武器になる。

2016年８月25日　1版１刷
2025年３月４日　31刷

著　者　梅田悟司

発行者　中川ヒロミ

発　行　株式会社日経 BP
日本経済新聞出版

発　売　株式会社日経 BP マーケティング
〒105-8308　東京都港区虎ノ門 4-3-12

印刷・製本　三松堂

本文組版　マーリンクレイン

ISBN978-4-532-32075-1